项目支持：浙江万里学院科研计划项目"资本市场开放对会计信息可比性的影响研究"

资本市场开放、内外部治理与会计信息可比性

——基于沪港通的经验证据

郭枚香　著

中国财经出版传媒集团

经济科学出版社

Economic Science Press

图书在版编目（CIP）数据

资本市场开放、内外部治理与会计信息可比性：基于沪港通的经验证据/郭枚香著 . -- 北京：经济科学出版社，2022.11

ISBN 978 - 7 - 5218 - 4197 - 8

Ⅰ. ①资…　Ⅱ. ①郭…　Ⅲ. ①证券市场 - 市场交易 - 研究 - 中国　Ⅳ. ①F832.51

中国版本图书馆 CIP 数据核字（2022）第 210498 号

责任编辑：黄双蓉
责任校对：靳玉环
责任印制：邱　天

资本市场开放、内外部治理与会计信息可比性
——基于沪港通的经验证据
郭枚香　著
经济科学出版社出版、发行　新华书店经销
社址：北京市海淀区阜成路甲 28 号　邮编：100142
总编部电话：010 - 88191217　发行部电话：010 - 88191522
网址：www. esp. com. cn
电子邮箱：esp@ esp. com. cn
天猫网店：经济科学出版社旗舰店
网址：http：//jjkxcbs. tmall. com
固安华明印业有限公司印装
710 × 1000　16 开　13 印张　200000 字
2022 年 11 月第 1 版　2022 年 11 月第 1 次印刷
ISBN 978 - 7 - 5218 - 4197 - 8　定价：48.00 元
（图书出现印装问题，本社负责调换。电话：010 - 88191510）
（版权所有　侵权必究　打击盗版　举报热线：010 - 88191661
QQ：2242791300　营销中心电话：010 - 88191537
电子邮箱：dbts@ esp. com. cn）

目 录

第一章

导　论

第一节　选题背景与意义

一、选题背景

受限于一国的资本自由流动、独立的货币政策与固定的汇率制三者不能同时实现的"蒙代尔不可能三角理论"，我国大型经济体与发展中国家的特点决定了货币政策的独立性以及汇率的管制性，由此导致资本账户相对封闭，资源配置效率低下，阻碍了海外投资者分享我国经济增长成果的步伐。在经济结构调整不断深化、"一带一路"倡议持续推进的背景下，推动资本市场新一轮高水平的对外开放势在必行。股票市场对外开放能反映一个国家的资本市场是否发达，能促进资本市场健康发展，是一个国家经济可持续发展的内在推动力（Bekaert et al.，2005；Gupta and Yuan，2009；刘少波和杨竹清，2012）。我国目前属于新兴资本市场，股票市场在国际金融市场中的影响力与日俱增。但无论是从交易金额、交易数量还是交易账户来看，我国资本市场上的个体投资者均占主体地位，其持有期限较短、频繁交易等特点，容易导致较高换手率与波动性（史永东和王谨乐，2014），这会严重影响股票市场的正常有序发展。另外，我国市场经济还具有制度方面的特殊性，表现为关联交易严重，股权结构以及供应商或客户关系集中、政商依赖关系较为普遍（李增泉，2017）；另外，由于政治体制的特殊性，也会导致政府对上市公司的干预较多或影响较大，加之法律环境弱于境外发达国家（LaPorta，1998；Hung et al.，2012），投资者保护程度较低。2013 年，党的十八届三中全会出台《关于全面深化改革若干重大问题的决定》，对完善我国的金融体系、促进统一开放和竞争有序的市场体系形成方面作出了具体指示，进一步强调了市场在资源配置中发挥决定性作用的重要性。

资本市场双向开放作为金融体系完善过程中的重要内容，其进一步纵深发展被逐渐提上日程。2014 年 11 月 17 日，香港证券交易所与上海证券交易所开展的互联互通交易机制试点（以下简称"沪港通"或"沪港通交易机制"）开始正式运行，首批列入沪港通试点名单的标的股票为 568 只。与之前的交易平台不同，在"沪港通"这一交易机制下，机构投资者和非机构投资者都可以直接匿名交易标的股票，并且能有效规避当前的外汇交易管制政策。而此前，除合格的境外机构投资者（QFII）、人民币合格境外机构投资者（RQFII）和合格境内机构投资者（QDII）以外，以人民币计价的沪市 A 股仅限于内地公民交易。沪港通交易试点的开通使得香港投资者和海外投资者可以直接交易在上海证券交易所上市的符合条件的股票。沪港通作为一项制度创新，区别于很多新兴市场国家的对外开放，它是我国股票市场对外开放迈出的重要一步，具有重要的理论价值与实践意义。（1）理论上，我国沪港通业务遵循的原则包括分布扩容、动态调整和审慎推进；（2）实际上，沪港通活跃度与交易规模在逐渐增加。与此密不可分的支撑条件是：相关金融基础设施的完善和承销、评级等配套服务水平的提升。截止到 2018 年 6 月 30 日，沪股通共经历 955 个交易日，累计买入金额和卖出金额分别约为 3.03 万亿元和 2.74 万亿元，日均买入金额和卖出金额分别约为 31.71 亿元和 28.69 亿元。沪港通交易机制的实施，是我国资本市场双向开放的重要组成部分，完善了投资者结构，提升了我国资本市场的吸引力，还有利于推动人民币国际化，促进了人民币在更广阔的国际市场上进行有序流动。

资本市场开放有利于引入境外机构投资者，对股票市场和实体经济均能带来积极影响。首先，香港及境外投资者进入内地市场，"有能力"帮助 A 股公司学习先进经验和技术，A 股公司也"有机会"加以持续改进；其次，香港及境外投资者会通过对内地市场的强有力监督，倒逼 A 股公司加强内部治理，提高信息质量；最后，香港及境外投资者的进入会加剧市场竞争，A 股公司为了吸引更多境外投资者，也有强烈的自我改善意愿，从而会进一步规范公司管理，改善信息披露环境。沪港通机制引入众多经验丰富的境外机构投资者，他们持续关注并跟踪公司或买入公司股票成为重要股东，根据约束假说理论，他们可能利用信息和专业优势积极参与公司治理，通过提高独立董事席位等改善公司治理机制来避免利益侵占，约束管理层的自利行为（Chung et al.，2002）和投机行为，发挥更为明显的监督作用和优化治理效应。

会计信息对资本市场极其重要，它可以节约投资者的信息比较和解读成本，优化资源配置效率（盖地和梁淑红，2010）。随着沪港通机制的实施，我国内地资本市场进一步开放，海内外投资者对财务报表的关注程度和质量要求也日益提升。会计信息可比性作为信息质量的重要特征，要求同一期间不同公司的相似经济业务生成相似的会计数据、不同公司的不同经济业务充分反映其差异特征，同一公司不同期间的会计处理前后应具有可比性。可比性能帮助会计信息使用者鉴定不同财务报告中的异同点，可比性的增强能使信息使用者获取的信息更丰富，从而降低会计信息使用者的信息搜索、信息处理等使用成本，帮助投资者更科学地选择投资机会，提高决策效率（De Franco et al.，2011；Li，2010；Barth，2013），可比性的提高还能一定程度抑制应计盈余管理（胥朝阳等，2014）。可见，会计信息的可比性直接影响信息使用者的决策，提高可比性也因此成为实证会计领域一直以来备受关注的研究主题。

公司治理作为保护投资者利益的机制之一，可以缓解管理者与股东之间的代理问题，约束管理层的机会主义行为，减少管理者选择会计政策的可能性，会对公司的会计信息可比性产生影响。公司内部治理涉及公司各利益主体之间责、权、利关系的制度安排，包括决策、激励、监督等机制的建立和运行等，会影响公司的会计信息生成质量；有效的公司治理对公司会计信息质量的改善具有积极作用，有缺陷的公司治理是会计信息失真的重要根源。内部控制与公司治理密切相关，健全的内部控制本质上就是公司治理结构完善的表现，它作为公司治理的一项重要机制，一直是公司治理乃至资本市场研究中备受关注的问题，其相当于公司治理的基础设施建设，缺乏系统有效的内部控制，公司治理将是空中楼阁（杨雄胜，2005）。公司外部治理与会计信息质量之间密切相关，目前研究主要集中在主管部门和审计机构监管、制度环境、准则实施和政治关联等方面，本书拟从分析师关注、市场化进程和行业竞争程度三个方面具体探讨。分析师关注能减少管理者与股东之间的信息不对称问题，具有外部监督效应（潘越等，2011；宫义飞，2011），有利于遏制经理层的短期盈余管理行为；较高的市场化程度约束了企业盈余管理行为，对会计信息质量具有正向促进作用（刘永泽等，2013）；竞争越激烈的行业，其相应的总体盈余管理水平也越高（周夏飞和周强龙，2014），如果内部治理结构不完善，产品市场竞争会进一步降低信息披露质量（宁家耀和李军，2012），产品市场竞争水平越高，公司投资效率越高，产品市场竞争程度越高，会计信息质量对投资效率的促进作用越弱，也就是说，产品市场竞争程度与会计信息质量之间具有一种替代关系（刘晓华和张利红，2016）。

由此，沪港通交易机制实施后，众多投资经验丰富的境外投资者及其他相关主体，如审计师、分析师、媒体、监管机构和管理者的行为将会发生改变，从而对公司的会计信息可比性产生影响；进一步地，公司治理作为保护投资者利益的机制之一，可以缓解管理者与股东之间的代理问题，约束管理层的机会主义行为，也会对公司的会计信息可比性产生影响。那么，我国上市公司的内、外部治理，是否会对沪港通交易机制的实施与会计信息可比性的关系产生影响？或者说，在我国内、外部治理环境参差不齐的上市公司之间，沪港通交易机制的实施对公司会计信息可比性的提升是否具有显著差异？这些问题尚待验证。基于此，本书考察了沪港通交易机制对上市公司会计信息可比性的影响，并在此基础上，进一步分析在公司内、外部治理影响下，沪港通交易机制与会计信息可比性的关系。

二、选题意义

随着沪港通政策的实施，我国资本市场活跃度上升。作为一项制度创新，沪港通对于促进经济增长，改善资本市场环境，以及提升企业价值等方面具有重要影响。同样，对于一项新资本开放制度，相关理论研究也在不断深入，基于此，本书尝试探讨沪港通交易机制、内外部治理与会计信息可比性三者之间的关系。因此，本书的研究具有重要的理论意义和现实意义。

1. 理论意义

第一，拓展了资本市场开放的经济后果研究。现有文献对沪港通的研究多数集中在资本市场定价效率、中介机构、公司审计及投资风险的影响等方面，较少关注沪港通对微观公司层面的影响。对会计信息可比性关注较少可能与其在公司层面的测度问题长时间未得到有效解决有关，德－弗兰科等（2011）创新性地提出了基于盈余—收益回归模型的可比性测度方法，为本书从会计信息可比性的视角考察沪港通政策对微观公司层面的影响提供了契机。

第二，丰富了会计信息可比性的影响因素分析范式。基于资本市场开放的视角，研究沪港通机制的实施对公司会计信息质量的影响，是对会计信息可比性影响因素研究的有益补充。已有研究较多关注会计准则宏观制度层面对会计信息质量的影响，并开始关注经营环境、公司战略及治理结构、客户与供应商、交易特征、投资者行为、审计监管以及管理层动机等中微观因素对会计信息可比性的影响，但鲜有文献从资本市场开放的宏观政策层面考察其对微观公司层面的影响。

第三，将沪港通交易机制、内外部治理与会计信息可比性三者置于同一个框架进行研究，丰富了该主题的研究成果。本研究表明，沪港通交易机制能够提升上市公司会计信息可比性；进一步研究发现，在董事会规模较大、独立董事比例较低、董事会会议次数较多、监事会会议次数较少、股东大会会议次数较多、董事长与总经理为两职合一、股权集中度较低、内部控制质量较低、分析师关注较少、市场化进程较低以及行业竞争较温和的标的上市公司，沪港通交易机制的实施对其会计信息可比性的提升作用更显著，这是对已有研究的重要补充。

2. 现实意义

第一，为加快推动内地资本市场开放提供经验证据。香港股市的成熟度较高,沪港通的实施或会倒逼内地金融市场的健康规范化发展。本研究表明,沪港通交易机制的实施有助于推动内地资本市场开放与改革,为进一步深化资本市场开放提供了微观证据,提示监管部门应进一步统筹规范资本市场开放,以期进一步发挥资本市场开放对企业可比信息生成质量的积极治理功能。本研究证明了沪港通交易机制在微观公司层面对会计信息生成质量的治理效应,故在我国监管能力能及的范围内,应进一步扩大资本市场开放,促进我国资本市场资源配置效率提高。

第二,为投资者增加对内部治理水平较低、分析师关注较少、市场化进程较低以及行业竞争较温和的沪港通标的上市公司的关注提供数据支持。在内部治理水平较低、分析师关注较少、市场化进程较低以及行业竞争较温和的标的公司,因为信息环境欠佳,政府干预较多,监管效率与法律法规执行效率较低,市场竞争也欠充分,导致信息不对称和代理问题较突出,公司控股股东和经理人的自利动机未得到有效约束,在此情况下实施沪港通交易机制试点能充分发挥境外机构投资者及相关各方的监督作用,对公司治理的边际贡献较高,沪港通交易机制对促进上市公司提升会计信息可比性作用更明显。这表明沪港通交易机制能在一定程度上弥补经济转型期信息环境欠佳和地区市场化发展不完备、市场行业竞争欠充分的缺陷,故投资者可增加对此类沪港通标的公司的关注,以便更准确有效地评价公司业绩,促使投资资本流向更具成长性的公司,促进市场公平竞争,进而提升资本配置效率。

第三,为上市公司改进内部治理,重视外部环境在可比会计信息生成和披露中的积极作用,深化内涵式发展,从而持续提升公司会计信息质量提供启示。我国上市公司应逐步弱化对资本市场开放的政策依赖,主导公司内涵式发展,持续提升公司可比信息生成质量和披露水平。虽然本研究表明对于内、外部治理环境欠佳的公司,沪港通交易机制提升会计信息可比性的政策效果较明显,而内、外部治理环境较好的公司,沪港通交易机制提升会计信息可比性的政策效果不够明显,但究其原因,是因为在提升公司会计信息可比性方面,良好的内、外部治理环境与沪港通交易机制的实施之间具有替代效应,良好的内、外部治理环境能实现沪港通交易机制提升会计信息可比性的功能，从而导致沪港通交易政策的实施提升会计信息可比性的空间被压缩，因此效果体现得不够明显。所以，基于企业长远发展和公司治理的目标，我国上市公司应重视内、外部环境对会计信息质量的治理作用，逐步减少外部资本市场开放的政策依赖，注重公司自主内涵发展，以期更好地服务于企业战略与绩效的实现。

第四，为政府部门规范分析师行业监管、加快推进市场化改革和促进行业有序竞争提供借鉴。分析师关注既可能监督上市公司，也可能给上市公司带来满足分析师预期的压力，这种压力可能反而会使上市公司进行真实盈余管理而降低会计信息质量；目前我国地区间的市场化进程不同且差异明显，低集中度的市场结构容易导致恶性竞争，政府如果过度实行市场准入、行政管制等，会严重干扰行业竞争，进而影响企业高质量会计信息的生成，降低资本配置效率。因此，未来在鼓励更多分析师关注上市公司的基础上，应该对分析师行业加强监管，促使分析师更好地为投资者服务；同时，相关部门应继续推进要素市场改革，提高要素市场交易的公开透明度，减少垄断，形成优胜劣汰的市场公平竞争环境，减少政府对经济的过度干预，为产业组织优化创造良好的制度环境，促使市场化改革和有序竞争更好地服务于资源配置效率提升。

第二节　研究思路与研究内容

一、研究思路

可比性作为会计信息质量的重要特征，要求同一期间不同公司的相似经济业务生成相似的会计数据、不同经济业务充分反映其差异特征，同一公司不同期间的会计处理方法和会计政策选择等前后各期应具有可比性。沪港通交易机制实施后，众多投资经验丰富的境外投资者及其他相关主体，如审计师、分析师、媒体、监管机构和管理者的行为会发生改变。投资者对财务信息的关注程度和质量要求也日益提升，他们会更重视会计信息系统在减少代理冲突中所发挥的信息作用，会要求上市公司提供更透明、更可比的高质量会计信息，以便在信息解读和投资机会选择中，既能正确评价公司业绩，又能节约信息处理成本，提高决策效率；中介机构和其他市场参与者也会加强对公司的外部监督，管理者的动机会因此作出适应性改变，从而对公司的会计信息可比性产生影响；进一步地，公司治理作为保护投资者利益的机制之一，可以缓解管理者与股东之间的代理问题，约束管理层的机会主义行为，减少管理者选择会计政策的可能性，也会对公司的会计信息可比性产生影响。那么，我国上市公司的内、外部治理，是否会对沪港通交易机制的实施与会计信息可比性的关系产生影响？或者说，在我国内、外部治理环境参差不齐的上市公司之间，沪港通交易机制的实施对公司会计信息可比性的提升是否具有显著差异？本书将尝试对这些问题作出回答。

首先，本书基于有效市场假说、投资者认知假说以及公司治理等理论基础，考察了沪港通交易机制对上市公司会计信息可比性的影响，并在此基础上，进一步分析在公司内、外部治理影响下，沪港通交易机制与会计信息可比性的关系。其次，本研究的实证检验分为三个部分：第一部分检验沪港通交易机制与会计信息的可比性；第二部分是内部治理对沪港通交易机制实施与会计信息可比性关系的研究；第三部分是外部治理对沪港通交易机制与会计信息可比性之间的关系影响研究，主要通过样本的统计、回归分析以及稳健性检验，进行实证分析。最后，对本研究结论进行总结，并针对研究结论提出具有针对性的政策建议。依据以上研究思路，将本书的研究框架总结如图 1 - 1 所示。

二、研究内容

本书主要探讨沪港通交易机制、内外部治理和会计信息可比性之间的关系，从公司内、外部治理的视角出发，论述沪港通交易机制对会计信息可比性的影响。具体研究内容如下：

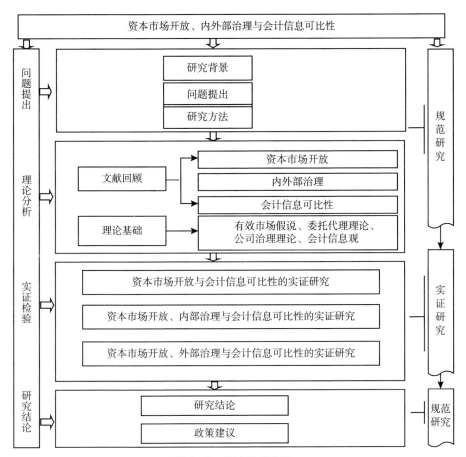

图 1-1 研究思路框架

第一，介绍本书研究背景。我国属于大型经济体的发展中国家，这决定了我国的货币政策的独立性及汇率的管制性，囿于"蒙代尔不可能三角理论"，导致我国的资本账户相对封闭，资源配置效率低下，阻碍了海外投资者分享我国经济增长成果的步伐。作为进一步扩大开放的举措，我国在 2014 年 11 月 17 日正式启动沪港通交易互联互通试点，这必将对资本市场和实体经济产生一定影响。基于此，本书利用沪港通交易机制这一准自然实验，选取企业这一微观层面视角，将探讨沪港通交易机制的实施对会计信息可比性的影响作为研究的选题，并对本书的研究意义、研究思路、研究方法等进行了阐述。

第二，相关文献综述。本部分对资本市场开放，内、外部治理和会计信息可比性相关文献进行综述。通过对以往文献的梳理和总结，发现资本市场开放能降低代理成本、提升公司价值、提高资本配置效率等，也有文献认为资本市场开放还能增加投资，改进技术；会计信息可比性对企业外部审计的质量以及对企业的盈余管理和债务融资都产生影响。通过对以往文献的梳理和总结，发现基于资本市场开放可能对企业微观层面的治理产生一定影响，且目前鲜有基于会计信息可比性视角的资本市场开放经济后果相关研究，这为本研究提供了契机，同时也是本研究的意义所在。

第三，本研究的制度背景和理论基础。首先，围绕资本市场开放这一大背景，介绍沪港通交易机制实施前后中国资本市场的变化情况。其次，再将沪港通交易机制与其他资本市场开放模式进行比较，概括沪港通交易机制特点及其开通后运行状况。最后，对有效市场假说、委托代理理论、公司治理理论和会计信息观等理论基础，结合本研究进行分析阐述。

第四，研究资本市场开放对会计信息可比性的影响。沪港通交易机制实施后，境外机构投资者会更加重视会计信息系统在减少代理冲突中所发挥的信息作用，他们经验丰富且较理性，通常同时投资多家公司，为节约信息处理成本和提高投资效率，对财务报表关注程度上升且对会计信息可比性要求也随之提高；加之信息环境的改善和外部监督加强，使公司的会计信息诉讼风险和违规成本上升，这会影响上市公司对会计政策的随意选择，从而影响会计信息的可比性。

第五，研究内部治理对资本市场开放与会计信息可比性关系的影响。公司现有的内部治理环境可能会影响沪港通交易机制对信息可比性的治理效果。本部分从董事会特征、股权结构与内部控制质量三个维度，分析内部治理水平对沪港通交易机制的实施与公司信息可比性关系的调节作用。已有研究表明，有些内部治理机制，比如适度的董事会规模、董事会会议次数和股东大会次数，合理的董事会结构和健全的股权结构，高效的监事会会议和有效的内部控制能约束或激励经理人的自利行为，成为保证会计信息真实的基础，降低管理层的盈余管理行为，减少财务报告舞弊的可能性，从而减少随意选择会计政策的可能性，进而影响沪港通交易机制实施对公司信息可比性的效果。

第六，研究外部治理对资本市场开放与会计信息可比性关系的影响。公司外部治理作为保护投资者利益的机制之一，可以缓解管理者与股东之间的代理问题，约束管理层的机会主义行为，减少管理者选择会计政策的可能性，会对公司的会计信息可比性产生影响。分析师关注能减少管理者与股东之间的信息不对称问题，具有外部监督效应，有利于遏制经理层的短期盈余管理行为；较高的市场化程度约束了企业盈余管理行为，对会计信息质量具有正向促进作用；竞争越激烈的行业，其相应的总体盈余管理水平也越高，产品市场竞争程度越高，会计信息质量对投资效率的促进作用越弱。故本部分从分析师关注、市场化进程和行业竞争程度三个维度，全面考察外部治理对沪港通交易机制实施和上市公司会计信息可比性的影响，考察分析师关注、地区市场化进程和行业竞争程度这三种外部制度环境对沪港通交易机制实施与会计信息可比性关系的调节作用。

第七，研究结论与政策建议。对本研究进行总结，得出研究结论，并针对研究结论提出政策建议。

第三节　研究方法与概念界定

一、研究方法

本书采用规范研究与实证研究相结合的研究方法，综合运用管理学、经济学、金融学、统计学和会计学等多学科知识，较全面系统地研究了资本市场开放对上市公司会计信息可比性的影响。具体而言，本书采用的研究方法如下：

第一，文献归纳法。在对既有文献进行总结和梳理的基础上，对资本市场开放与会计信息可比性的现有研究进行梳理和述评，指出目前相关研究的局限，并提出可能存在的相关研究方向，进一步表明本书在已有文献基础上进行的拓展研究及可能的创新。

第二，理论分析法。通过理论分析法对本研究所涉及的公司治理理论、有效市场假说等主要基础理论进行简要的阐述与解释，且围绕相关基础理论对资本市场开放、内外部治理与会计信息可比性的影响机理进行分析，据此提出研究假设。

第三，实证研究法。借鉴德－弗兰科等（De Franco et al.，2011）提出的基于盈余—收益回归模型的可比性测度模型，利用沪港股票交易互联互通试点这一准自然实验，采用 PSM + DID 的方法，以我国 2010～2017 年 A 股上市公司为样本，利用多元回归检验沪港通交易机制实施对上市公司会计信息可比性以及内外部治理对沪港通交易机制与上市公司会计信息可比性关系的影响。

二、基本概念界定

为能够更准确地体现研究目的，避免因相关概念界定不同而引起歧义和误解，现对本书所涉及相关概念在内涵和范围上明确如下。

1. 资本市场开放

资本市场开放是一个国家经济对外开放的形式之一。我国资本市场持续开放既是经济对外开放的成效，也是大国自信的必然选择。20 世纪 90 年代初，我国就陆续通过在境外资本市场公开募股（IPO）、存托凭证发行（DR）、推出 B 股市场等方式为本土企业进行外币融资提供便利，这是我国资本市场双向开放的最早期尝试；21 世纪初至今，我国又相继推出 QFII、QDII，以及沪港通、深港通和沪伦通，这些才是我国资本市场双向开放重要的、真正意义上的制度安排。因着手本研究时最新样本期只到 2017 年，相对于深港通开通时间 2016 年 11 月，时间轴较短，考虑到其对本研究结果的影响较小，故本书中主要探讨沪港通交易机制实施，而未考虑深港通交易机制对会计信息可比性的影响；另外，沪伦通的正式启动时间为 2019 年 6 月 17 日，它在两地股票可直接双向挂牌的基础上首次推出存托凭证，是 A 股市场对外开放的重要里程碑，但因窗口期较短导致数据不可得，故本书中也未予讨论。

沪港通交易机制是上海和香港股票市场交易互联互通的机制，它允许上海和香港两地的投资者通过当地证券公司直接买卖规定范围内的对方交易所上市的股票，初步实现了沪港两地资本市场交易的互联互通。2014 年 4 月 10 日，中国证监会和香港证监会联合发布公告，批准上海和香港股票市场交易互联互通机制，即"沪港通"，并于 2014 年 11 月 17 日正式开通，首批列入沪港通试点名单的标的股票有 568 只。区别于之前的交易平台，在沪港通交易机制下，机构投资者和非机构投资者都可以直接匿名交易标的股票，并且能有效规避当前的外汇交易管制政策。而此前，除 QFII、RQFII 和 QDII 以外，以人民币计价的沪市 A 股仅限于内地公民交易。

2. 内外部治理

公司治理作为保护投资者利益的机制之一，可以有效地约束管理层的机会主义行为（Leuz，2003；Liu and Lu，2007）。内部治理涉及公司各利益主体之间责、权、利关系的制度安排，包括决策、激励、监督等机制的建立和运行等。有效的公司治理对公司会计信息质量的改善具有积极作用，有缺陷的公司治理是会计信息失真的重要根源。内部控制与公司治理密切相关，健全的内部控制本质上就是公司治理结构完善的表现（王蕾，2001）。内部控制作为公司治理的一项重要机制，包括控制环境、风险评估、控制活动、信息与沟通以及内部监督五个要素，一直是公司治理乃至资本市场研究中备受关注的问题，它相当于公司治理的基础设施建设，缺乏系统有效的内部控制，公司治理将是空中楼阁（杨雄胜，2005）。外部治理是公司为适应外部市场所做的公司治理的制度安排，其活动主要体现在资本市场、产品市场、劳动力市场、国家法律和社会舆论等方面。

公司面临的内、外部治理环境可能对沪港通交易机制与公司信息可比性的关系产生影响。现有研究主要从股权结构、董事会及审计委员会特征等方面，对公司治理与财务报表舞弊或盈余管理、会计信息质量的关系进行探讨，已有文献对公司外部治理与会计信息质量之间的关系研究，主要集中在主管部门和审计机构监管、制度环境、准则实施和政治关联等方面，本书主要从上市公司董事会特征、股权结构及内部控制质量三个维度，分析公司董事会规模、独立董事比例、董事会会议次数、监事会会议次数、股东大会会议次数、董事长与总经理是否为两职合一、股权集中度、内部控制质量等内部治理对沪港通交易机制实施与会计信息可比性的关系的影响；同时，还主要从上市公司的分析师关注度、所处地区的市场化进程以及行业竞争程度三个方面，进一步分析公司外部治理对沪港通交易机制实施与会计信息可比性关系的影响。

3. 会计信息可比性

可比性作为会计信息质量的重要特征，要求同一期间不同公司的相似经济业务生成相似的会计数据、不同公司的不同经济业务充分反映其差异特征，同一公司不同期间的财务报告信息之间也应前后各期相互具有可比性。西蒙思（Simmons，1967）较早对会计信息可比性的内涵和概念作出解释，如果公司对相似的经济业务作出相同或相似的计量、报告，则被认为具有可比性。美国财务会计准则委员会（FASB）在1980年发布的《会计信息的质量特征》中对会计信息可比性提出了明确要求，并指出可比性就是要帮助信息使用者识别和比较两类经济业务之间的相似点和不同点。可比性包括横向可比性和纵向可比性，横向可比性是指同一期间的不同主体发布的会计信息可比，而纵向可比性是指同一主体不同期间发布的会计信息可比。会计信息可比性的高低直接影响信息使用者的决策，提高可比性也因此成为实证会计领域一直以来备受关注的研究主题。会计信息对资本市场极其重要，它可以节约投资者的信息比较和信息解读成本，优化资源配置效率（盖地和梁淑红，2010），可比性能帮助会计信息使用者鉴定不同财务报告中的异同点，降低会计信息使用者的信息搜索、信息处理等使用成本，帮助投资者更科学地选择投资机会，提高决策效率（De Franco et al.，2011；Li，2010；Barth，2013），可比性的提高还能一定程度抑制应计盈余管理（胥朝阳等，2014）。

已有文献关于可比性测度的方法，包括基于会计准则差异及协调度视角、会计数据双重披露差异，基于会计方法协调，基于国家间盈余质量差异的测度方法以及基于公司层面的会计信息可比性测度方法等，均为会计信息可比性的测度作出了较大贡献，本书选用德－弗兰科等（2011）构建的基于公司层面的会计信息可比性测度方法来衡量"会计信息可比性"指标，原因参见本书第二章"文献回顾"。

第二章

文 献 回 顾

在全球新兴经济体纷纷进行本国资本市场开放、批准境外的投资者进行国内股票购买的浪潮下，国内外学者相继对该政策的经济后果展开了研究，如资本市场开放对市场效率与实体经济的影响等，但是，系列实证研究结论并未形成共识，成为国际金融领域的一个颇具争议的话题（Fazeel et al.，2009）。已有文献主要从市场运行效率、实体经济、市场反应、审计监管等角度研究资本市场开放的经济后果（严佳佳等，2015；闫红蕾和赵胜民，2016；钟覃琳等，2018；潘越和戴亦一，2008；覃家琦等，2016；罗春蓉等，2017；Liu et al.，2016，华鸣和孙谦，2018；郭阳生等，2018；罗栈心等，2018；周冬华等，2018）。孙光国和杨金凤（2017）研究发现，境外机构投资者持股能提升会计信息的可比性，但较少有文献从会计信息可比性的角度考察资本市场开放对微观公司层面信息披露行为的影响。公司治理作为保护投资者利益的机制之一，可以缓解管理者与股东之间的代理问题，约束管理层的机会主义行为，减少管理者选择会计政策的可能性，会对公司的会计信息可比性产生影响。公司内部治理涉及公司各利益主体之间责、权、利关系的制度安排，包括决策、激励、监督等机制的建立和运行等，会影响公司的会计信息生成质量；有效的公司治理对公司会计信息质量的改善具有积极作用，有缺陷的公司治理是会计信息失真的重要根源。内部控制与公司治理密切相关，健全的内部控制本质上就是公司治理结构完善的表现，它作为公司治理的一项重要机制，一直是公司治理乃至资本市场研究中备受关注的问题，其相当于公司治理的基础设施建设，缺乏系统有效的内部控制，公司治理将是空中楼阁（杨雄胜，2005）。

公司外部治理与会计信息质量之间密切相关，目前研究主要集中在主管部门和审计机构监管、制度环境、准则实施和政治关联等方面，本书拟从分析师关注、市场化进程和行业竞争程度三个方面具体探讨。分析师关注能减少管理者与股东之间的信息不对称问题，具有外部监督效应（潘越等，2011；宫义飞，2011），有利于遏制经理层的短期盈余管理行为；较高的市场化程度约束了企业盈余管理行为，对会计信息质量具有正向促进作用（刘永泽等，2013）；竞争越激烈的行业，其相应的总体盈余管理水平也越高（周夏飞和周强龙，2014），如果内部治理结构不完善，产品市场竞争会进一步降低信息披露质量（宁家耀和李军，2012），产品市场竞争水平越高，公司投资效率越高，产品市场竞争程度越高，会计信息质量对投资效率的促进作用越弱，也就是说，产品市场竞争程度与会计信息质量之间具有一种替代关系（刘晓华和张利红，2016）。

通过对资本市场开放和沪港通交易机制的实施、内外部治理及会计信息质量的相关成果进行梳理，本书研究发现，资本市场开放与公司内外治理以及会计信息可比性三者之间具有一定的关联，且鲜有从公司会计信息可比性的视角研究资本市场开放经济后果的研究。因此，为了系统地总结已有研究成果，也为表明本书在已有研究成果基础上的创新与发展，本部分将围绕本书的研究主题进行相关文献回顾。

第一节　资本市场开放文献回顾

已有文献主要从市场定价效率、实体经济、市场反应、审计监管等角度研究资本市场开放的经济后果（Henry，2000；严佳佳等，2015；Bekaert et al.，2004；Rejeb and Boughrara，2013；闫红蕾和赵胜民，2016；钟覃琳等，2018；潘越和戴亦一，2008；覃家琦等，2016；罗春蓉等，2017；Liu et al.，2016，华鸣和孙谦，2018；郭阳生等，2018；罗栈心等，2018；周冬华等，2018）。通过对一组时间窗口期较长的数据检验表明，资本市场对外开放可以促进经济增长提速（Baier and Tamura，2003），对于新兴资本市场经济体而言，资本市场开放后私有化的投资会获得迅速发展（Heniy，2000）。国内学者对于资本市场开放治理效应的研究主要围绕QFII、QDII等制度的实施而展开。李纪明和方芳（2005）从公司股权结构的视角考察外资持股对公司治理的影响，研究表明QFII制度的实施提升了上市公司价值，且能显著提升公司的管理层和大股东持股比例与公司规模（周泽将和余中华，2007）。

为了探索资本市场开放的经济后果，现有文献主要从公司治理、市场效率和经济增长途径及对经济增长的影响等方面去探索。本节内容将对已有研究进行简要归纳和梳理。

一、资本市场开放与公司治理

资本市场开放能降低代理成本。依据有效市场假说，资本市场开放有利于引入境外机构投资者，对股票市场和实体经济均能带来积极影响。首先，香港及境外投资者进入内地市场，"有能力"帮助A股公司学习先进经验和技术，A股公司也"有机会"加以持续改进；其次，香港及境外投资者会通过对内地市场的强有力监督，倒逼A股公司加强内部治理，提高信息供给质量；最后，香港及境外投资者的进入会加剧市场竞争，A股公司为了吸引更多境外投资者，会有强烈的自我改善意愿，从而会进一步规范公司管理，改善信息披露环境。已有研究表明，境外投资者具有治理效应与信息效应，资本市场开放有助于提高公司治理水平，提升财务决策效率，提高信息披露水平（Fang V W. et al.，2015）和发展中国家的资本配置效率（Wurgler，2010）。高开娟（2017）检验了股票市场开放对上市公司代理成本、关联交易与分析师关注的影响，研究发现，资本市场开放能降低公司的代理成本，减少关联交易的发生，增加分析师的跟踪，实证检验了上市公司通过境外投资者和分析师的监督等方式，降低了管理层和控股股东的自利行为。

资本市场开放可以提升企业价值。根据投资者认知假说，当一家公司能具备更多的投资者认知时，可以分散公司的非系统性风险，这主要是因为投资者获得的信息有差异，会选择自己熟悉的公司进行投资，这可以降低资本成本，最终提升企业价值（Merton，1987）。资本市场开放能引入更多境外机构投资者，他们来自发达地区，有利于扩大公司的投资者基础，使公司的认知程度得以提升（郭阳生，2018）。此外，一些研究也从交叉上市的角度探讨了资本市场开放对公司价值的影响（Doidge et al.，2004），研究表明资本市场开放能提升公司价值（Lang et al.，2003；何丹等，2010）。资本市场开放通过引入境外机构投资者，能提高市场流动性，缓解信息不对称程度从而改善公司信息环境（郭阳生等，2018），有助于加强公司治理水平（Ferreiraand Matos，2008；田利辉，2006；姚铮和汤彦峰，2009；张宗益和宋增基，2010），促进信息披露质量提高（Gul et al.，2010；Fang V W. et al.，2015）。

资本市场开放还会提升高质量审计需求。审计师会考虑职业声誉、诉讼风险和监管要求等的影响，从而促使其保持应有的独立性。沪港通交易机制引入境外机构投资者，通过外部监督的加强以及审计风险、审计成本的提高等路径，提高了标的公司审计需求，促使高质量审计需求增加，审计质量提升以及审计费用上升（周冬华等，2018；罗棪心等，2018）。Fang V W（2015）等通过对新兴市场国家的研究发现，有境外投资者持股的企业相对于无境外投资者持股的企业，更愿意聘请"四大"会计师事务所进行审计，这表明境外投资者加入后，企业管理层为了向投资者表明"优于一般"而进行积极信号传递、提高审计质量、聘用高独立性水平审计师的意愿更强烈。

二、资本市场开放与市场效率

研究表明，资本市场开放能降低资本成本（Henry，2000；罗春蓉等，2017），降低股价同步性（钟覃琳等，2018），提高股票增发市场的定价效率（李志胜等，2010），提高发展中国家的资本配置效率（Wurgler，2010）。已有文献还从市场运行效率、实体经济、市场反应等角度探讨了资本市场开放的经济后果（严佳佳等，2015；闫红蕾和赵胜民，2016；钟覃琳等，2018；潘越和戴亦一，2008；覃家琦等，2016；华鸣和孙谦，2018），研究发现资本市场开放对市场经济具有积极影响。

资本市场开放降低资本成本。赫米（Hemy，2000）采用事件研究的方法，对12个新兴市场国家或地区在资本开放后资本成本的变化进行研究，发现在市场自由化进一步扩大后，资本成本有所降低，之前净现值（NPV）为负的一些项目因而具有经济可行性，从而该国实体经济方面的投资有所增加。Errnza and Losq（1985，1989）等建立了国际资本资产定价模型（IAPMs），该模型指出当一个国家的市场对外打开，导致潜在的风险因素在境内外的投资人之间进行分配，这一举措可显著地令境内和境外投资人对国内证券市场发行的股票提出的风险溢价水平变小，从而降低该国资本市场资本成本。贝卡尔特和海维（Bekaert and Haevey，2000）通过构建一个横截面模型检验了资本市场自由化以后，由于境外投资者的进入对本国资本成本以及股价波动率等的影响，研究发现，新兴资本市场在进一步开放后，其资本成本降低幅度大约为5～75个基点。

资本市场开放降低股价波动，提高股价信息含量。亨利（Henry，2000）以资本市场对外开放作为准自然实验，以12个发展中国家为样本数据，实证检验了股票市场开放程度对股价波动的影响，结果表明，随着政策的实施，市场系统风险下降，同时，个股收益波动也有所降低。后续更多的研究也对该结论进行了进一步验证。乌穆特鲁和莱文（Umutlu and Levent，2010）对来源于全球市场、样本期间为1991～2005年的数据进行实证检验发现，资本市场开放降低了本地市场波动，同时还降低了企业特质波动，从而导致总波动得以降低，且此现象在中小规模企业更显著。资本市场开放之所以能促进信息效率提升，其主要在于流动性改善、投资质量提高，还有资本市场自身开放程度的推进（Rejeb and Boughrara，2013）。我国的沪港通交易政策实施对股价信息含量也产生了影响，钟覃林和陆正飞（2018）发现沪港通交易机制的实施有利于将公司特质信息体现到股票价格中，从而使股价的同步性降低。

三、资本市场开放与经济增长

大部分研究认为资本市场开放与经济增长具有正向关系（Bekaert，2001，2005）。孙杰（2002）研究发现股票市场发展促进经济增长的效果，相对于发达经济体,在转型经济体中更显著。陈雨露和罗煜(2007)的研究认为,金融开放促进经济增长的主要作用机理是通过提升投资数量和投资效率,分散风险,改善金融技术和全要素生产率,改革制度和配合效应来实现的。资本市场开放可以促进投资增加。资本市场开放是一个国家经济对外开放的形式之一。我国资本市场持续开放既是经济对外开放的成效,也是大国自信的必然选择。20世纪90年代初以来,各发展中国家就陆续扩大资本市场开放,为本土企业进行外币融资提供便利。如前所述,我国通过在境外资本市场IPO、托管凭证发行、推出B股市场等方式进行,这是我国资本市场双向开放的最早期尝试;21世纪初至今,我国又相继推出QFII、QDII以及沪港通、深港通和沪伦通,这些才是我国资本市场双向开放重要的、真正意义上的制度安排。已有文献从不同视角对这一政策的经济后果进行了大量探讨,研究表明资本市场开放能增加私人投资,能使当地投资实现2.2%的增长率(Bekaert et al., 2003)。米顿(Mitton,2006)研究表明,公司股票向外国投资者开放后经历了更高的投资、更低的杠杆率、更强的盈利能力以及更快的增长,该结论是在利用固定效应模型以及赫克曼(Heckman)两阶段模型等方法,控制了资本市场开放的内生性问题后得到的。

资本市场开放改进技术。资本市场开放作用于经济增长的渠道,除了通过资金使用量和投资效率的提高外,主要是通过全要素生产率的提高来实现的,比如从技术进步的角度促进经济增长(Gourinchas and Jeanne,2002),资本市场开放能为新兴经济体带来更高端的金融技术(Klenow and Rodriguez – Clare,1997),按照内生增长理论相关原理,从而改进技术促进经济增长。

第二节　内外部治理文献回顾

公司治理作为保护投资者利益的机制之一,可以有效地约束管理层的机会主义行为(Leuz,2003;Liu and Lu,2007)。因此,公司面临的内、外部治理环境可能对本书的研究主题沪港通交易机制与公司信息可比性的关系产生影响。故本部分对关于公司内、外部治理研究的文献，从董事会特征及股权结构、内部控制质量以及外部治理三个维度进行简要回顾。

一、董事会特征及股权结构等内部治理文献回顾

现有研究主要从股权结构、董事会特征及审计委员会工作状况等方面，对公司治理与盈余管理或财务报表舞弊、会计信息质量的关系进行探讨，为本领域研究积累了丰富的成果，虽然研究结论不尽一致或截然相反，但为现行研究提供了较多颇具意义的启示。研究发现：当管理人员入股或机构所占股权增加时，经理操纵盈利数字的可能性降低（Warfield，1995），股权集中度与财务报告质量负相关（La Porta et al.，1997）；发行在外的普通股比例与公司发生财务舞弊的可能性负相关，非舞弊公司董事会中外部董事比例显著高于进行过财务报表舞弊的公司（Beasley，1996）；随着内部董事在全体董事中的占比升高，或公司未设立审计委员会，或公司董事长与总经理两职合一，则该公司更有可能受到美国证券交易委员会的处罚，原因是违反一般公认会计原则（Generally Accepted Accounting Practice，GAAP）的相关规定（Dechow et al.，1996）；比斯利（Beasley，1996）的研究还发现，董事会规模越大，公司越可能发生财务报告舞弊；持股董事、监事的数量和比例，董、监事会会议频率，独立董事数量，监事会规模等与会计信息质量显著相关，董事会规模、灰色监事与名誉监事等在公司会计信息质量的改善方面无影响（薛祖云和黄彤，2004）；刘立国、杜莹（2003）从董事会结构、股权特征两个维度，以被证监会处罚的上市公司（因财务报告舞弊）为样本数据，对公司治理与财务报告舞弊之间的关系进行实证分析，研究发现第一大股东为国资委时，公司发生财务报告舞弊的可能性越大，流通股比例与公司发生财务报告舞弊的可能性负相关，董事会规模与财务报告舞弊呈正向相关但并不显著，用前十大股东持股比例平方和（H10）测度的股权集中度与发生财务报告舞弊的可能性负相关；杜兴强和温日光（2007）以盈余管理程度的反向来测度会计信息质量并构建会计信息质量综合指数，采用泊松回归方法，从公司治理的六

个层面和综合角度实证分析其与会计信息质量之间的关系，研究发现，公司的股东大会召开得越多，董事会会议召开得越多，会计信息质量越差；而公司的股权集中度越高，监事会会议召开得越多，会计信息质量越好，国家控股的上市公司比非国家控股的上市公司会计信息质量更高；但也有研究认为，会议频率较高的董事会更有责任心，愿意花更多的时间和精力履职，会带来公司业绩的改善；徐莉萍等（2007）发现股权集中度与经营绩效显著正相关，且这种关系在不同性质的控股股东中存在。

二、内部控制质量文献回顾

国内外学者主要从公司特征、治理结构、管理者特征和外部规制等方面对内部控制质量的影响因素进行研究并取得了丰硕成果（Johnstone，2011；Klamm，2012；Balsam，2014；Li，2010；杨洁 2011；Munsif，2013；Graham and Bedard，2013；Kanagaretnam，2016；陈汉文，2010）。阿什鲍·斯卡费等（Ashbaugh - Skaife et al.，2007）研究发现，公司所涉及的行业范围越广，业务复杂性越强，就越难以建立有效的内部控制体系。增长越快和规模越大的非营利组织，内部控制也越容易出现缺陷（Petrovits et al.，2011），道尔等（Doyle et al.，2007）选取披露了内部控制重大缺陷的公司为样本，得出了较为一致的研究结论，同时还发现这些公司都成立时间较短或正发生重组。伴随着公司治理的兴起，一些研究开始关注组织管理、公司治理对内部控制的影响。克里希南和维斯瓦纳坦（Krishnan and Visvanathan，2005）通过对奥萨法案实施前更换了审计师且披露了内部控制缺陷的公司进行配对实证检验，发现具有更强独立性的审计委员会和财务专业人士都能使内部控制问题发生的可能性降低。管理层集权程度及其诚信、道德价值观、企业文化等均会对内部控制目标产生重要影响。刘启亮和陈汉文等（2012）通过对产权性质、制度环境与内部控制质量的关系研究，发现相对于中央政府控制的公司，地方政府控制的公司内部控制质量更好，而相对非政府控制的公司，中央政府控制的公司内部控制质量并无显著差异；同时还发现，上市公司的地区市场化程度与内部控制质量正相关。阿什鲍·斯卡费（2007）的研究表明，外部审计师变更之后，企业的内部控制缺陷披露更为显著。

关于内部控制的经济后果研究，已有文献主要集中在盈余质量、融资成本和企业价值等方面。现有经验研究表明内部控制质量更高的公司，其会计信息质量也更好，良好的内部控制可以降低错报和漏报发生的可能性，降低经理人的盈余管理和财务报告舞弊行为，避免企业财务人员因胜任能力不足引起的无意错报问题（Doyle et al.，2007），提高公司的盈余质量（池国华等，2014；刘启亮等，2013；方红星，2011）。阿什鲍·斯卡费（2007）等对内部控制与会计信息质量之间的关系进行了检验，发现良好的内部控制具有改善公司会计信息质量的作用，存在内部控制缺陷的公司往往其会计信息质量较低。道尔等（2007）也发现内部控制缺陷的存在会导致盈利质量与应计质量的下降。高质量的内部控制在降低企业融资成本方面也具有积极的影响。内部控制质量越高的企业，其所获取的银行债务融资成本越低，且进一步研究表明，该影响在非国有控股的公司、金融市场不发达地区以及产品市场竞争激烈程度较高的行业表现更显著（陈汉文和周中胜，2014）；林钟高和丁茂桓（2017）基于动态视角研究内部控制缺陷修复对债务融资成本的影响，以及内部控制监管制度变迁对两者关系的影响，发现内部控制缺陷会导致企业不确定性风险提高，从而使债务融资成本提高，内部控制监管的强化促使内部控制缺陷修复进度加速、企业外部风险以及债务融资成本降低。叶陈刚等（2016）研究发现，内部控制整体上正向影响企业绩效，但区分股权性质后发现，该影响只存在于民营企业中，在国有企业中并不显著。

三、外部治理文献回顾

已有文献对公司外部治理与会计信息质量之间的关系研究，主要集中在主管部门和审计机构监管、制度环境、准则实施和政治关联等方面，研究发现，分析师关注能减少管理者与股东之间的信息不对称问题（Lafond et al.，2008），具有外部监督效应（潘越等，2011；宫义飞，2011），分析师关注有利于遏制经理层的短期盈余管理行为，其对现任和未来股东利益的关注，有利于保护未来股东的利益（赵玉洁，2013），能缓解管理者和股东的信息不对称问题，成为一股重要的外部监督力量，极大地约束了管理层的自利行为，减少了企业的盈余管理（李春涛等，2014）；较高的市场化程度约束了企业盈余管理行为，市场化进程对会计信息质量具有正向促进作用（刘永泽等，2013）。市场竞争水平能约束管理层对财务信息的误报行为（BalaKrishnan and Cohen，2011）。戴利亚和帕克（Dalia and Park，2009）对美国制造业企业的研究发现，处于竞争性行业的上市公司应计操纵利润的绝对值更低，公司在产品市场上的定价能力和行业集中程度会很大程度影响上金融分析师对公司盈余管理水平的预测（Datta and Sharma，2011），会计信息可比性促进商业信用融资只在较低市场地位、较高行业竞争程度的企业中存在（张勇，2017），竞争越激烈的行业，其相应的总体盈余管理水平也越高（周夏飞和周强龙，2014），如果内部治理结构不完善，产品市场竞争会进一步降低信息披露质量（宁家耀和李军，2012），产品市场竞争水平与公司投资效率显著正相关，产品市场竞争程度越低，会计信息质量与投资效率之间的正向促进关系越明显，说明产品市场竞争与会计信息质量这两者之间存在一种替代关系（刘晓华和张利红，2016）。可见，已有文献对于资本市场开放的经济后果以及外部治理机制对公司盈余管理或会计信息质量的影响研究成果较多，虽研究结论不尽相同甚至截然相反，但该系列探索极大地丰富了研究成果；鉴于较少文献关注外部治理对沪港通互联互通交易试点与会计信息可比性关系的影响，同时为使"沪港通交易机制的实施对会计信息可比性的影响"这一研究主题的探讨更深入、更全面，本书将外部治理、沪港通交易机制与会计信息可比性三者置于同一框架进行进一步研究。

第三节　会计信息可比性文献回顾

随着沪港通机制的实施，我国内地资本市场进一步开放，海内外投资者对财务报表的关注程度和质量要求也日益提升。会计信息可以节约投资者的信息比较和信息解读成本，优化资源配置效率（盖地和梁淑红，

2010），对资本市场极其重要。已有研究较多关注会计准则宏观制度层面对会计信息可比性的影响（Rahman et al.，1996；杨钰、曲晓辉，2008；Weetman et al.，1998；徐经长等，2003；VanderTas，1988；魏明海等，2005），现有研究开始关注经营环境、公司战略及治理结构、客户与供应商、交易特征、投资者行为、审计监管以及管理层动机等中微观因素对会计信息可比性的影响，研究发现地区法制环境、机构投资者持股、投资者实地调研、会计师事务所合并、审计师行业专长、公司间高管联结与管理层自信等对会计信息可比性具有正外部效应（Holthausen et al.，2003；方红星等，2017；孙光国和杨金凤，2017；张勇，2018；叶飞腾等，2017；谢盛纹等，2017；周晓苏，2017；张晓等，2018），产品市场竞争环境、公司战略差异度及偏离度、客户集中度、关联方交易规模、审计师客户重要性、审计师变更与首席执行官（CEO）变更等对会计信息可比性具有负向影响（袁知柱等，2017；罗忠莲，2018；张先治，2018；张永杰和潘临，2018；张勇，2018；谢盛纹等，2017；张霁若，2017），这为可比性研究积累了相当丰富的文献。

一、会计信息可比性的测度方法

第一，基于会计准则协调的测度方法。最早期有关国家之间会计准则协调程度测量的研究是拉曼等（Rahman et al.，1996）运用马氏距离法对澳大利亚与新西兰两个国家会计准则的协调程度所进行的测量；其后部分学者对国内会计准则在不同阶段变迁所带来的与国际会计准则（IAS）的差异进行了测度，如对葡萄牙会计准则的研究采用的方法包括欧氏距离、Spearman 相关系数和 Jaccard 相似系数等（Fontes et al.，2005）；国内学者对中国会计准则与国际财务报告准则（IFRS）之间差异度和协调度的测量也采用了一系列方法进行探索，例如，通过对某些关键对比点的差异程度，先测算出单项准则的协调度，然后再加权平均各单项准则的协调度，从而得到总的国际协调度（王静和孙美华，2003）；还有学者采用平均距离法（王治安等，2005）、修订 Jaccard 系数（杨钰和曲晓辉，2008）等方法进行相关研究。该系列基于会计准则差异及协调度视角的研究为会计信息可比性的测度作出了较大贡献，它们之间均存在一个"国家之间的准则差异度越大，则可比性越弱"的较为相似的分析逻辑，但均未考虑会计准则的执行问题，未考虑会计信息质量除受到会计准则本身的影响以外，还会受到公司内外部治理机制、管理层动机和审计监管等中介机构以及公司外部投资者保护等制度环境因素的影响（Sun，2007；Ball et al.，2003；Ball，2006；刘峰等，2004）和不同国家对准则执行力度的影响（De Fond et al.，2011；Wysocki，2008）。

第二，关于会计数据双重披露差异的测度方法。随着国际资本市场的流动性进一步加大，一些到境外如美国上市融资的公司须按美国证券交易委员会的规定，依据其他公认会计准则（除美国会计准则以外）编制年报，但应同步在年报中披露按 20 - F 格式的调节情况，如净利润和净资产的调整数及差异数。很多学者基于"调整前后净资产或净利润的差距越大，两种准则的协调程度越弱，则会计报表的可比性越弱"的逻辑展开研究。斯特里特等（Street et al.，2000）和维特曼等（Weetman et al.，1998）通过采用稳健性指标方法并加以改进，考察了在美国上市后的其他国家公司会计信息可比程度的变化。国内学者基于"A + B"股或"A + H"股公司需编制双重财务报告的背景，探讨了企业会计准则与 IFRS 或香港会计准则的差异程度和协调程度（李树华，1997；徐经长等，2003；王华和刘晓华，2007）。

第三，基于会计方法协调、国家间盈余质量差异测度的方法。部分学者基于公司若集中选择某一种或某几种不同会计方法即表明会计信息可比性提高的逻辑，从"会计方法选择的协调程度"视角测度会计信息可比性，他们具体使用的方法包括赫芬达尔—赫希曼指数、多种可供选择的会计处理方法并据此编制多重报告情况的 C 指数以及测度不同国家彼此间实务协调程度的 I 指数（VanderTas，1988）；随后有学者又提出了考虑重要性测试和公司性质及经营环境等会计方法影响因素后的统计模型来进行会计信息可比性测度（Mcleay et al.，1999；Archer et al.，1996；Jaafar and McLeay，2007），国内学者也运用此类方法对中国会计实务的国内、国际协调程度进行了探讨（魏明海等，2005；杨钰，2007），并探索设计了

Gower 指数，该指数可用于衡量公司间所使用的会计处理方法的总体可比性（胡志勇，2008）。控制企业经营和经济环境变量（如 GDP 增长率、实际利率变动、公司盈余和销售增长率）后，再借助不同国家之间的盈余与应计收益倍数的差异及其变动情况来判定这些国家财务报告的可比性及其变动趋势（魏明海，2003）。兰德和郎（Land and Lang，2002）通过研究澳大利亚、英国和德国等七个国家盈余收益倍数的差异及变动情况，发现盈余收益倍数的差距变小，通过一系列进一步检验后，得出会计协调能促进这七个国家会计信息可比性提升的研究结论。

第四，德-弗兰科等（2011）构建的基于公司层面的会计信息可比性测度方法。该方法主要是将会计系统定义为企业经济业务生成财务报表的转换过程，这样，会计系统可比性的基本逻辑为：在相同的经济业务条件下，如果两个公司通过自身会计系统转换后的会计信息差异较小，即如果能生成相似的财务报表，则会计信息可比性较强。可以用函数表述如下：

$$Financial\ Statements_i = f_i(Economic\ Events_i) \qquad (2-1)$$

模型（2-1）中，$f_i(\ )$ 表示公司 i 的会计系统。值得说明的是，本书所采用的会计信息可比性测度方法即德-弗兰科等（2011）构建的基于公司层面的可比性测度方法，其具体定义和测算过程将在本书第四章"实证模型及变量定义"部分详细论述。

二、会计信息可比性的影响因素

第一，宏观制度环境与会计信息可比性。由于企业的会计信息生成主要受该国的会计准则规范与指导，因此，会计准则是会计信息可比性的直接影响和决定因素（劳川奇，2011）；国际财务报告准则的采用，促使企业提供出更高质量和更强可比性的会计信息，同时，促使会计信息的相关性在高管薪酬、债务契约等方面得到较大幅度的提升（孙铮和刘浩，2013）；考虑到企业经营特点和所处外部环境的差异，各国会计准则与国际会计准则都含有多种备选的会计方法或政策由企业自主选择，这会降低企业会计信息的可比性，因此，减少会计处理的备选方法可以促进会计协调，进而可以促进各国企业的会计信息可比性提升（Choi et al.，1999；葛家澍和王亚男；2011)。

第二，公司内部因素与会计信息可比性。国内外学者对影响公司会计信息可比性的内部因素进行了一系列探索，研究发现，公司所处行业、资产规模、经营分部的数量、管理层集权度、成长性、产负债率、融资、公司各部门地理距离、公司合并、关联方交易规模、审计师变更及审计师类型、CEO 变更均对会计信息可比性具有显著影响（Peterson，2012；Rahman et al.，2002；Platikanova and Mattei，2016；张勇，2018；张霁若，2017)。另外，强可比会计信息的实现，除了使用和执行高质量会计准则外，还需要有公允价值计量方法的使用（王飞，2008)。

第三，利益相关者与会计信息可比性。已有文献关于利益相关者对会计信息可比性的影响研究主要集中在审计师、机构投资者等方面。首先，审计风格、事务所特征显著影响可比性。通过对 1987～2011 年美国公司的研究发现，相对于由不同事务所审计的公司，由同一家事务所审计的各公司间其可比性更高，且该影响在国际"四大"事务所中表现得更为明显（Francis et al.，2014)；被国际"四大"事务所审计的中国公司，其可比性高于被非国际"四大"事务所审计的公司（Wang et al.，2016a)，审计师变更会负向影响会计信息可比性，且前任审计师任期越长，导致会计信息可比性降低的影响越明显（谢盛纹和刘杨晖，2016)；相对于无行业专长的会计师事务所，拥有行业专长的会计师事务所更能提升被审计公司的信息可比性，且当事务所为国内"十大"时，该影响更显著（谢盛纹和王清，2016)。方等（Fang et al.，2015）研究发现，美国机构投资者通过使其所投资的海外公司转由"四大"事务所审计而提高了其与美国公司间的财务报告可比性；机构投资者通过信息中介效应对投资者保护具有积极作用，能促进会计信息可比性提升（孙光国和杨金凤，2017)。

三、会计信息可比性的经济后果

第一，会计信息可比性与会计信息使用者。会计信息可比性作为信息质量的重要特征，要求不同公司同一期间的相似经济业务生成相似的会计数据，不同公司的不同经济业务充分反映其差异特征；同一公司不同期间也应对相似经济业务作出相似会计核算，对不同经济业务作出差异处理。会计信息可比性的高低直接影响信息使用者的决策，提高可比性也因此成为实证会计领域一直以来备受关注的研究主题。可比性能帮助会计信息使用者鉴定不同财务报告中的异同点，可比性的增强能使信息使用者获取的信息更丰富，对不同公司的现有财务状况、经营利润、盈利能力以及未来发展作出判别，从而降低会计信息使用者的信息搜索、信息处理等使用成本，帮助投资者更科学地选择投资机会，实现会计信息的决策有用性，提高决策效率（De Franco et al.，2011；Li，2010；Barth，2013；袁知柱和吴粒，2012），可比性的提高还能一定程度抑制应计盈余管理（胥朝阳等，2014）。

第二，会计信息可比性与信息环境及市场反应。从信息环境改善方面来看，分析师往往关注并跟踪财务信息具有高可比性的企业，且企业的会计信息可比性越强，分析师的盈利预测精准度越高（De Franco et al.，2011）；会计信息可比性越高的公司，其发生股价崩盘的风险越小（江轩宇，2015；袁振超等，2017），且该种关系在治理水平较高、会计稳健性较强或应计盈余质量较高的公司表现得越明显（江轩宇，2015）。

第三，会计信息可比性与公司行为。国内外学者对会计信息可比性影响公司行为的研究主要集中在盈余管理、融资成本和企业创新等方面。索恩（Sohn，2011）实证检验了会计信息可比性对企业盈余管理行为的影响，研究发现，会计信息可比性与应计盈余管理行为负相关，但与真实盈余管理却正相关，这表明，会计信息可比性的提升促使企业管理层改变了盈余管理的手段和方式，从应计盈余管理转向真实盈余管理，这可能是因为真实盈余管理是对真实的经营交易活动进行操纵从而更具隐蔽性所导致的。程和张（Cheng and Zhang，2011）考察了可比性、盈余平滑度与价值相关性三者的关系，研究发现可比性提升能显著促进价值相关性的增加，但盈余平滑度与价值相关性之间关系并不显著。龚等（Gong et al.，2011）研究发现，在公司会计信息可比性较低导致信息环境较差时，经理人员基于减少与外部投资者的信息不对称考虑，他们提供有价值的盈利预测公告的意愿增强，这表明，在信息不对称环境下，经理人员作为处于信息优势的一方，会通过自愿披露来弥补信息环境较差对投资者信息搜集带来的负面影响。部分学者通过实证研究证实了可比性有助于降低公司的债务融资成本，其影响路径主要是降低信息不对称程度（Kim et al.，2013；Fang et al.，2016）；可比性对权益融资成本的影响研究方面，以欧洲公司为样本的研究发现，国际财务报告准则的强制执行促进了会计信息可比性和信息披露水平的提高，从而促使权益资本成本降低，但这种影响只在有很强法律执行力的国家显著存在（Li，2010）；对美国公司的研究也表明，会计信息的高可比性能促使权益资本成本降低，且该影响在信息不对称较严重或竞争不够激烈的市场更为显著（Imhof et al.，2017）。部分研究还考察了可比性对企业创新的影响，发现会计信息可比性越高的企业，由于其降低了信息不确定性从而抑制了管理层的自利行为，尤其是对由于经理人职业忧虑诱发的一些短视行为的抑制，加之融资约束的缓解，可以促进企业创新。

第四节 文 献 述 评

本章系统地梳理了国内外学者对于资本市场开放、内外部治理以及会计信息可比性的相关文献，对于已有研究成果，本节做如下简要总结和述评：

第一，关于资本市场开放的文献。现有文献主要从市场运行效率、实体经济、市场反应、审计监管等角度研究资本市场开放的经济后果。研究发现，基于公司层面，资本市场开放能降低代理成本，提升企业价值，同时也能提高审计质量；基于市场层面，有关研究发现资本市场开放能提高资本配置效率，改善信息环境，还能分散市场风险；基于宏观经济发展层面，许多学者研究发现，资本市场开放能吸引外资，增加国内市场投资，引进国外先进科技，改进国内企业技术。

第二，关于内外部治理的文献。现有研究主要从股权结构、董事会特征及审计委员会工作状况等方面，对公司治理与盈余管理或财务报表舞弊、会计信息质量的关系进行探讨，为本领域研究积累了丰富的成果，虽然研究结论不尽一致或截然相反，但为现行研究提供了颇具意义的启示。对于内部控制质量方面的研究，国内外学者主要从公司特征、治理结构、产权性质、管理者特征和外部规制等方面对内部控制质量的影响因素进行探讨并取得了丰硕成果，现有文献发现，内部控制质量受公司治理特征和制度环境的影响，不同的公司治理特征和制度环境，内部控制质量有所差异；对于内部控制的经济后果研究，已有文献主要集中在盈余质量、融资成本和企业价值等方面，现有经验研究表明内部控制质量更高的公司，其会计信息质量也更好，良好的内部控制可以降低错报和漏报发生的可能性，降低经理人的盈余管理和财务报告舞弊行为，避免企业财务人员因胜任能力不足引起的无意错报问题等，这为本领域奠定了丰厚的研究基础。已有文献对公司外部治理与会计信息质量之间的关系研究，主要集中在主管部门和审计机构监管、制度环境、准则实施和政治关联等方面，研究发现，分析师关注能减少管理者与股东之间的信息不对称问题。

第三，关于会计信息可比性的文献。现有文献主要研究会计信息可比性的测度方法、影响因素和经济后果。已有研究较多关注会计准则宏观制度层面对会计信息质量的影响，现有研究开始关注经营环境、公司战略及治理结构、客户与供应商、交易特征、投资者行为、审计监管以及管理层动机等中微观因素对会计信息可比性的影响，对于测度方法的研究主要集中在会计准则的协调和会计方法的协调、对于影响因素更多的是对国际财务报告准则和审计师对会计信息可比性的影响、对于经济后果等方面的研究，学者们更多关注会计信息可比性对信息环境和公司行为层面的影响。

基于以上文献的回顾和梳理，可以发现：首先，已有文献对于资本市场开放的经济后果以及内外部治理机制对公司盈余管理或会计信息质量的影响研究成果较多，虽然研究结论不尽相同甚至截然相反，但极大地丰富了该主题的研究成果；其次，已有文献关于可比性测度方法，如基于会计准则差异及协调度视角、会计数据双重披露差异和基于会计方法协调以及基于国家间盈余质量差异的测度方法等，虽然为会计信息可比性的测度作出了较大贡献，但除德－弗兰科等（2011）构建的基于公司层面的会计信息可比性测度方法外，其他方法均存在一些尚待进一步考虑的问题，比如未考虑会计准则的执行问题，未考虑会计信息质量除受到会计准则本身的影响以外，还会受到公司内外部治理机制、管理层动机和审计监管等中介机构以及公司外部投资者保护等制度环境因素的影响；或者测度方法并非研究同一期间不同公司间的可比性，而是同一公司在不同会计准则下的数据差异，且由于样本局限于双重上市公司而无法扩展到其他公司；或者各会计处理方法的贡献率或权重的差异度问题仍存较大争议等；故本书选用德－弗兰科等（2011）构建的基于公司层面的会计信息可比性测度方法来测度"会计信息可比性"变量；最后，从文献梳理的结果来看，鲜有文献关注资本市场开放对会计信息可比性的影响，已有文献主要从市场运行效率、实体经济、市场反应、审计监管等角度研究资本市场开放的经济后果，为数较少的研究发现境外机构投资者持股能提升会计信息的可比性，但较少有文献从会计信息可比性的角度具体考察资本市场开放对微观公司层面信息披露行为的影响，那么，来自发达资本市场境外投资者的加入，是否能够提高会计信息可比性，值得探讨；进一步地，如果沪港通交易机制能显著提升可比性，那么，其提升程度又是否会受到公司内外部治理环境的影响而呈现显著差异，这都是本书要尝试回答的问题。

综上所述，不管是资本市场开放文献，还是内外部治理文献，抑或是会计信息可比性文献，都有基于不同层面的研究结论，都为本领域的研究积累了丰富的成果。但是，宏观层面的资本市场开放政策必然会对企业这一微观层面的会计信息生产具有较大影响，而较少有文献从会计信息可比性的角度具体考察资本市场开放对微观公司层面信息披露行为的影响和内外部治理对沪港通互联互通交易试点与会计信息可比性关系的影响，这为本书的研究提供了契机，同时也是本书研究的意义所在。因此，为使"沪港通交易机制的实施对会计信息可比性的影响"这一研究主题的探讨更深入、更全面，本书将内外部治理、沪港通交易机制实施和会计信息可比性三者置于同一框架进行探究。

综上所述，本书将探讨沪港通交易机制实施对会计信息可比性的影响以及上市公司内外部治理在沪港通交易机制实施与会计信息可比性关系中所发挥的作用，以期拓展资本市场开放经济后果的研究，也为企业会计信息可比性的影响因素研究提供有益参考。

第三章

制度背景与理论基础

第一节　制度背景

为进一步加强我国市场与国际市场的深度融合，不断提升我国对外开放的层次和水平，推动新一轮高水平对外开放，2014 年 11 月 17 日 "沪港通"互通互联交易机制正式启动，上海证券交易所与香港联合交易所允许两地投资者通过当地证券公司或经纪商买卖规定范围内对方交易所上市的股票，旨在通过引入境外投资者，大幅提高我国 A 股资本市场国际化进程，为融入全球资本市场奠定坚实基础。

一、沪港通开通前的资本市场

20 世纪 90 年代初，我国就陆续通过境外资本市场 IPO、托管凭证发行、推出 B 股市场等方式为本土企业进行外币融资提供便利，这是中国资本市场双向开放的最早期尝试；21 世纪初至今，我国又相继推出 QFII、QDII，以及沪港通、深港通和沪伦通，这些才是我国资本市场双向开放重要的、真正意义上的制度安排。"沪港通"交易机制启动之前，投资者面向国内和国际资本市场跨境交易的平台主要是 QFII 和 QDII。QFII 基于缓解外币资金融资约束而产生，于 2002 年开始实行，只有获得资格许可的境外机构投资者才能购买中国内地市场的股票；QDII 2006 年开始实施，该制度允许具备资格的内地机构投资者在海外资本市场交易股票。但这两种交易平台下，机构投资者的投资额度都需要获得国家的审核认定，随着十多年的实践发展，其投资额度在不断加大。具体而言，截至 2017 年 3 月 29 日，国家外汇局所批准的 QFII、QDII 的投资额度分别为 902.64 亿美元、899.93 亿美元。借鉴 QFII 制度的运行经验，我国于 2011 年推出了人民币合格境外投资者制度（RMB Qualified Foreign Institutional Investors，RQFII）。区别于之前的交易方式，RQFII 可以让境外机构投资者采用离岸人民币账户的形式交易境内股票。RQFII 也实行总额度管理的方式运行，最初试点时的额度全部配置给境内基金管理公司以及证券公司的驻港分支机构。

二、沪港股票市场交易互联互通机制

1. 沪港股票市场交易互联互通机制的实施背景

国务院总理李克强于 2014 年 4 月 10 日的博鳌亚洲论坛演讲中指出，我国资本市场将重点推出新一轮高水平的对外开放，实现沪港股票市场交易互联互通。当日，经中国证监会和香港证监会批准，正式启动沪港通交易机制试点。与之前的交易平台最大的不同是，沪港通交易机制下，无论是机构投资者还是非机构投资者，他们都可以直接匿名交易标的上市公司的股票，而且对于当前的外汇交易管制政策等能实现有效规避。在此之前，以人民币计价的沪市 A 股仅限于内地公民交易（除 QFII、RQFII 和 QDII 外）。试点机制的开通使得香港投资者和海外投资者可以直接交易在上海证券交易所上市的符合条件的股票。沪市港股通股票包括以下范围内的股票：恒生综合大型股指数的成分股、恒生综合中型股指数的成分股以及 "A + H" 股上市公司的 H 股。值得注意的是，上海证券交易所上市 A 股为风险警示板股票或者暂停上市股票的 "A + H" 股上市公司的相应 H 股、同时有股票在上海证券交易所以外的内地证券交易所上市的发行人的股票、在联交所以港币以外货币报价交易的股票和具有上海证券交易所认定的其他特殊情形的股票，不纳入沪市港股通股票。经监管机构批准，上海证券交易所可以调整港股通股票的范围。因此，投资者在确认一只股票是否属于港股通股票时，应当结合上海证券交易所发布的公告进行判断。

2. 沪港通交易机制与其他资本市场开放模式对比

沪港通交易机制通过内地和香港证券交易所的联通，实现了境内、境外投资者可以相互直接交易境外、境内符合条件的股票。它与 B 股、境外上市以及 QFII 具有相似的"开放"性，但又具有其自身的特殊性。

第一，沪港通的主要特点表现在：（1）沪港通交易试点是在借鉴资本市场互联互通国际经验的基础上进行的，采用了较为成熟的技术手段和结算方法，如订单路由技术与跨境结算安排等，这为投资者便捷、高效的证券交易体验提供了保障。（2）沪港通交易试点业务实行双向开放，内地及香港的两地投资者可以通过港股通、沪股通买卖规定范围内联交所、上交所上市的股票，值得注意的是，两地投资者只能交易规定范围内的股票。（3）采用双向人民币交收制度，具体方式为：内地投资者买卖以港币报价的港股通股票并以人民币交收，香港投资者买卖沪股通股票以人民币报价和交易。如果有关监管机构对沪港通交收货币另有规定的，则另外从其规定。（4）沪港通实行额度控制，即投资者买入港股通、沪股通股票均有每日额度限制。

第二，沪港通交易机制与 B 股的差异主要表现在以下几个方面：从设立目的和产生背景来看，B 股市场是由于 20 世纪 90 年代初引进境外资金又对较年轻的资本市场进行适当保护而产生的；而沪港通交易机制的启动是为进一步促进国内资本市场的双向发展和实力增长。从资本市场的开放方向看，B 股市场是单向的，只允许境外资金向内地市场流动和交易，而沪港通交易机制实现了境内、境外资金的双向流动，既允许境外投资者交易符合条件的境内公司股票，也允许境内投资者交易香港公司股票。从投资主体的角度看，B 股市场开放后至 2001 年以前，投资者仅为境外投资者的部分，其后才允许境内投资者参与；而沪港通交易机制的投资者中，沪股通的投资者是指香港投资者（不包括其他境外资本市场投资者），港股通的投资者仅为境内投资者，但沪股通股票标的，A 股市场投资者也可以进行交易，港股通股票标的也可以由香港投资者购买。值得说明的是，根据沪港通的架构，境外投资者作为实际权益拥有人行使股东权利时，应当通过名义持有人（即香港结算）行使有关股东权利，包括请求召开股东大会、向股东大会提案、在股东大会上投票表决、获得分红或者其他投资收益等。从投资客体来看，B 股市场的投资标的包括部分"A＋B"股公司在内的所有上市公司；而沪港通的投资标的仅为部分沪深 A 股上市公司和部分港股上市公司。从监管制度和交易方式来看，证监会等部门为 B 股市场的主要监管者，B 股投资者可以直接用美元（港币）进行结算；而内地和香港两地的证券监管机构为沪港通交易机制的主要监管者，沪港通的投资者需要经过香港联交所设立的证券交易服务公司向上海证交所买卖股票。

第三，沪港通交易机制与 QFII、QDII 制度的比较。总体上，沪港通与QFII、QDII 制度具有一定共同之处，都是在我国资本账户尚未完全开放的背景下，为进一步丰富跨境投资方式、加强资本市场对外开放程度而作出的特殊安排。在具体制度安排上，沪港通与 QFII、QDII 又存在以下主要区别：一是业务载体不同。沪港通是以两地交易所为载体，互相建立起市场连接，并对订单进行路由，从而实现投资者跨市场投资。QFII 等是以资产管理公司为载体，通过向投资者发行金融产品吸收资金以进行投资。二是投资方向不同。沪港通包含两个投资方向，分别是香港和内地投资者投资上交所市场、联交所市场的沪股通及港股通（即"沪港通下的港股通"）。QFII 等则都是单向的投资方式。三是交易货币不同。沪港通投资者以人民币作为交易货币，投资者须以人民币进行投资，但有关监管机构对沪港通交收货币另有规定的，从其规定。QFII 的投资者以美元等外币进行投资。四是跨境资金管理方式不同。沪港通对资金实施闭合路径管理，卖出股票获得的资金必须沿原路径返回，不能留存在当地市场。QFII 等买卖证券的资金可以留存在当地市场。因此，沪港通与 QFII、QDII 存在一定差异，且不会对后者等现行制度的正常运行造成影响，反而可以更好地实现优势互补，为投资者跨境投资提供更加灵活的选择，在促进我国资本市场双向开放方面发挥积极的作用。

3. 沪港通运行状况

沪港通交易机制自开通以来运行平稳，赢得了国内外投资者的青睐，成交额不断增长，为两地市场带来了新的流动性和投资选择。截至 2018 年11 月 16 日，沪港通运行 4 年累计成交 10.31 万亿元。其中，沪股通累计930 个交易日，交易金额 6.05 万亿元，日均交易金额 65.02 亿元；港股通累计912个交易日，交易金额4.27万亿元，日均交易金额46.77亿元。沪深港通下的北向交易（包括沪股通和深股通）累计净流入金额为6156.64亿元，并自2018年下半年再次呈现加速流入趋势。其中北向沪股通开通以来总净流入3560.92亿元，占总净流入的41.6%，仅2018年近6月净流入达1035.35亿元，占该渠道净流入总额的29%；深股通开通以来净流入2595.73亿元，2018年近6月以来净流入595.56亿元，占比为22.9%。而南向交易（港股通）的累计净流入金额为7275.23亿元，但2018年6月来净流出99.45亿元，呈现流出趋势。其中沪市港股通开通以来累计净流入5322.91亿元，占总流入的73.16%，近6月以来净流出283.35亿元；深市港股通开通以来累计净流入1952.32亿元，不过与沪市港股通相反的是，近6月的深市港股通净流入了183.9亿元。

第二节　理论基础

为了更好地把握沪港通、内外部治理及会计信息可比性的内在影响机理，本章将对相关理论进行简要介绍，选取了有效市场假说、委托代理理论、公司治理理论以及会计信息观作为研究的理论基础。

一、有效市场假说

关于有效资本市场的定义，虽然存在不同角度的理解和解释，但通常较为一致的界定是：当资本市场上的价格可以完全地、较为同步地反映所有的可用信息时，该市场属于有效市场。著名学者尤金·法玛采用实证研究的方法，对有效市场假说进行了较为准确的量化定义，通过未来价格概率密度函数测算市场对可用信息的反映程度。判断资本市场是否有效可以从外部表现入手：第一，与证券相关的信息可以得到充分的披露，并且呈均匀分布的状态，使得市场上的所有投资者可以无滞后地获得量等质同的信息。第二，价格对相关信息的变动具有瞬时反应性，而不是反应延迟或无反应。资本市场达到有效状态需满足的三个基础条件分别为：市场参与者均理性、理性偏差独立以及专业市场参与者的套利行为广泛存在，这三个条件只要满足其中的任一条件，即可认为达到有效状态。

沪港通交易机制试点的举措推进了我国资本市场融入国际，也使得对资本市场开放经济后果的探讨具有重要理论价值和战略意义。依据有效市场假说，资本市场开放有利于引入境外机构投资者，对股票市场和实体经济均能带来积极影响。一方面，香港及境外投资者进入内地市场，"有能力"帮助A股公司学习先进经验和技术，A股公司也"有机会"加以持续改进；另一方面，香港及境外投资者会通过对内地市场的强有力监督，倒逼A股公司加强内部治理，提高信息供给质量；同时，香港及境外投资者的进入会加剧市场竞争，A股公司为了吸引更多境外投资者，也有强烈的自我改善意愿，从而会进一步规范公司管理，改善信息披露环境，从而提高资本市场的有效性，促进资源配置效率提升。

二、委托代理理论

委托代理理论是现代企业理论不可或缺的重要组成部分，于20世纪六七十年代产生，是基于企业所有权和经营权分离的委托代理关系而形成的，主要原因是现代股份公司这种企业组织形式对委托代理关系的发展起到的极大推动作用。因为股东数量庞大且分散，不能对企业进行直接的管理和支配，必须把企业委托给经理经营，而经理就是所有者（股东）的代理人，拥有经营决策权。钱德勒（Chandler）将其称为"经理人员资本主义的兴起和企业主资本主义的衰落过程"。

委托代理理论是探讨委托人如何以最小的成本去设计一种契约或机制，促使代理人努力工作，以最大限度增加委托人效用的理论，它是以信息不对称条件下契约的形成过程为出发点的。在委托代理关系中，有无法克服的三个先天性缺陷，它们分别为：委托人和代理人两者之间的效用函数不一致、责任不对等以及严重的信息不对称。这会导致代理人的偷懒、机会主义行为等一系列的委托代理问题出现，从而产生道德风险和逆向选择等非效率损失和代理成本。该理论主要探讨两权分离后，以激励相容问题为核心的企业内部机制设计，从而实现委托人和代理人双边的效用最大化问题。

沪港通交易机制的实施可能通过投资者、审计师、媒体和监管层等多方协同的外部监督，降低委托代理成本，约束经理人的自利和机会主义行为，发挥其外部治理效应，减少会计政策和会计估计选择；也可能通过境外机构投资者参与公司治理、经理人出于满足投资者更高信息质量的要求、缓解融资约束或规避会计信息违规风险等动机，发挥其内部治理效应，促使管理层改善会计信息质量的动力增强，变得更勤勉、更谨慎、更自觉地遵循会计准则的规定，对相似业务生成相似特征的会计数据，不同经济业务生成反映其差异特征的数据，从而减少会计政策和会计估计选择，提升公司的会计信息可比性。

三、公司治理理论

威廉姆森（Williamson）的"治理结构"概念与"公司治理"已较为相似，但真正的"公司治理"一词及其概念最早出现在 20 世纪 80 年代的经济学文献中。公司治理因公司制的企业组织形态而产生，以两权分离为特征的现代公司因为股东数量庞大且分散，不能对经理人进行直接的控制，而所有者和经营者作为两个不同的主体，有着各自不同的利益诉求，所有者追求的是如何最大限度地实现企业利润或股东权益，而经营者追求的是如何最大限度地获得自己的薪酬及其衍生品，所以，此时公司经理人有可能为了实现个人私利而损害股东利益，因此，鲍莫尔（Baumol）、威廉姆森和加尔布雷斯（Galbraith）等后续研究者认为，为了保护所有者的利益，较为分散的股东们需要通过一系列法律和制度上的设计来充分保证企业价值最大化的实现。因此，基于经济学的视角，公司治理起源于所有权和经营权的分离，其实质是解决因所有权与控制权的分离而产生的代理问题，其目的是减少代理成本，实现企业价值的最大化。

公司治理理论对本研究的启示是：有效的内部治理有助于改善公司的会计信息质量，有缺陷的公司治理是会计信息失真的重要根源。公司内部治理涉及公司各利益主体之间责、权、利关系的制度安排，包括决策、激励、监督等机制的建立和运行等。众多研究以公司治理理论为指导，从股权结构、董事会及审计委员会特征等方面，对公司治理与财务报表舞弊或盈余管理、会计信息质量的关系进行探讨，为本书的研究奠定了坚实的基础。沪港通开通后，众多拥有成熟投资理念和丰富投资经验的海外机构投资者对公司提出更高信息质量要求，并可能关注或跟踪公司，或买入股票成为重要股东参与公司治理，可以缓解信息不对称和代理冲突，这是资本市场开放提升会计信息可比性的重要影响渠道。具体表现为：（1）机构投资者提出更高财务报告信息质量要求会促使公司改善治理以提升信息供给质量。新兴经济体的资本市场开放后，境外投资者投资 A 股市场更为便捷，吸引了更多来自发达地区的机构投资者，这些投资者与散户投资者相比，有成熟的理念和理性的投资行为，他们通常基于理性分析进行价值投资，因而投资决策时对财务信息质量的需求较高，上市公司会足够重视内部治理改善以提升公司治理水平，从而改善信息披露来满足境外投资者的高质量信息需求。（2）股票市场开放具有"治理效应"，能提升公司治理水平（Mitton，2006）。公司治理结构越完善，法人治理结构越健全（Doyle et al.，2007），成员构成越合理（Yan，2007；Hoitash，2009）、独立董事比例较高、股权结构越合理（吴益兵，2009；张颖和郑洪涛，2010；朱海珅，2010），则内部控制越有效，从而内部治理水平也越高。开放的市场吸引了众多来自发达地区的海外机构投资者，他们投资理念成熟、投资经验较丰富且投资行为较理性，会持续关注并跟踪公司或买入公司股票成为重要股东；他们除了要求管理层提供更透明、更稳健的高质量财务会计报告来缓解信息不对称以外，为了避免利益侵占实现利益自保，他们可能还会积极参与公司治理，会通过提高独立董事席位，设置合理的董事会规模或者避免独立董事交错任期制度等，改善公司治理机制，发挥更为明显的治理效应（Aggarwal et al.，2011）。内部控制与公司治理高度相关，一个健全的内部控制机制实际上是完善的公司治理结构的体现（王蕾，2001）。内部控制作为公司治理的一项重要机制，一直是公司治理乃至资本市场研究中备受关注的问题。内部控制相当于公司治理的基础设施建设，如果没有系统且有效的内部控制，公司治理将成为一纸空文（杨雄胜，2005）。

四、会计信息观

股票的价值属性是由于投资者的期望所决定的，比如，投资者认为它直接代表了股东对未来股利的要求权。根据现行财务理论，一家公司的股票价格实质是未来现金流量（股利）的现值（按一定贴现率折现），会计信息与其之间的联系是，会计信息可以改变投资者对未来股利支付金额和支付能力的信念，从而改变股票价格，这一会计信息与股票价格之间的关联关系就是信息观。进一步地，会计信息通过何种作用渠道来改变股票价格？主要通过以下三个方面来进行分析。

第一，未来会计盈余与现行会计盈余。作为最重要和使用者最关心的信息，会计盈余信息极其重要。当期对外报告的会计信息中，现行会计盈余虽然只是本期经营成果的体现，是一种对历史成果的反映，但会计盈余信息提供了预测公司未来趋势的数据资料，它会直接影响会计信息使用者对未来会计盈余的判断和预测。会计盈余项目按照可持续性大小可以分为两类：永久性盈余项目和暂时性盈余项目。因此，信息使用者会根据当期的会计盈余信息来对永久性盈余项目和暂时性盈余项目作出自己的判断，从而对未来会计盈余进行预估。第二，未来股利与未来会计盈余。未来会计盈余是影响未来股利的一个重要因素。莱夫特维奇和兹米杰夫斯基（Leftwich and Zmijewski，1994）的实证检验表明盈余变动和股利变动具有相关性，它们之间通过"股利支付率"连接，该股利支付比率不随时间变化而变化。第三，股票价格与未来股利。该两者之间的关系通过股票计价模型相连接。根据现行财务理论，一家公司的股票价格实质是未来现金流量（股利）的现值（按一定贴现率折现）。股票价格是未来股利预期价值的一个函数。这样，会计信息改变股票价格的逻辑就较为清晰地表现为：现行会计盈余影响未来会计盈余，未来会计盈余与未来股利相关，而未来股利又与股票价格相关。因此，信息观的核心问题均是围绕着会计信息，尤其是会计盈余信息如何导致股票价格发生变动而展开探讨。

会计信息观的理论对本研究的启示是：（1）从投资者的角度来看，境外投资者更重视会计信息的作用，对财务报表的关注程度上升，对财务信息的质量要求也更高，他们向管理层询问或实地考察的行为会产生外部监督效应。境外机构投资者对会计报表关注程度的上升以及对财务信息质量要求的提高，会提升会计信息可比性（孙光国和杨金凤，2017）。（2）从公司管理层的角度看，沪港通的实施可能使管理层生成、披露可比会计信息的动力增强，会更勤勉、更自觉地遵守可比性会计信息质量的要求，对同类经济事项按照相同的会计程序与方法来确认和报告，从而提升会计信息可比性。一方面，依据信号传递理论，真正需要资金的沪港通标的公司，其管理者为了向外界传递"本公司优于市场平均表现"的信号，公司控股股东和管理层会有足够意愿规范公司的会计信息披露，生成可比性更强的会计信息，对同类交易或事项的核算采用相同的方法，对不同交易或事项的核算体现差异性，让境外投资者在信息解读和投资选择过程中看到投资于本公司是足够安全和有利可图的。另一方面，沪港通试点公司是政策的受益者，也是资本市场开放过程中的重点监管对象，分析师、审计机构、媒体等中介机构跟踪上市公司，有效改善了信息环境（郭阳生等，2018）。（3）根据布珊（Bhushan，1989）的理论框架，分析师关注调节沪港通与会计信息可比性的路径可能与分析师的信息效应和治理效应有关。第一，分析师作为上市公司财务信息使用者，会在资本市场中传播和解读上市公司公开信息，会利用所跟踪企业提供的可比会计信息进行同业比较分析；第二，分析师为了满足投资客户的需求，借助其所拥有的普通个人投资者所不具备的财务会计学、金融学和特定行业专门业务知识，跟踪关注上市公司，做好实地调研、定期走访、数据收集与加工，挖掘、发现和提供市场上尚未出现的专属私人新信息（吕敏康等，2018），以便及时准确地提供含有更多公司特质信息的分析报告。这些报告中的公司特质信息可以包含在股票价格中，减少信息不对称问题（Lafond et al.，2008）。

第四章

资本市场开放与会计信息可比性

第一节　问题的提出

为逐步改善投资者结构，引入境外成熟市场投资理念，中国证监会和香港证监会发布联合公告，我国 2014 年 11 月 17 日正式启动沪港通交易机制试点，这是我国深化资本市场开放的重要举措。首批列入沪港通名单的标的股票为 568 只，截至 2018 年 8 月 31 日，沪股通累计有交易的股票为 830 只，沪港通累计交易金额近 10 万亿元，日均成交金额超过 100 亿元。沪港通交易机制引入境外机构投资者，能提高市场流动性，缓解信息不对称程度从而改善公司信息环境（郭阳生等，2018），还能提高信息披露水平（Fang V W. et al.，2015）和标的公司的审计需求（周冬华等，2018）与审计质量（罗棳心等，2018），提升财务决策效率；资本市场开放也能降低资本成本（Henry，2000；罗春蓉等，2017），降低股价同步性（钟覃琳等，2018），提高股票增发市场的定价效率（李志胜等，2010），提高发展中国家的资本配置效率（Wurgler，2010）。已有文献还从市场运行效率、实体经济、市场反应等角度探讨了资本市场开放的经济后果（严佳佳等，2015；闫红蕾和赵胜民，2016；钟覃琳等，2018；潘越和戴亦一，2008；覃家琦等，2016；华鸣和孙谦，2018）。

会计信息对资本市场极其重要，它可以节约投资者的信息比较和信息解读成本，优化资源配置效率（盖地和梁淑红，2010）。随着沪港通交易机制实施，我国内地资本市场进一步开放，海内外投资者对财务报表的关注程度和质量要求也日益提升。会计信息可比性作为信息质量的重要特征，要求不同公司的相似经济业务生成相似特征的会计数据，不同公司的不同经济业务充分反映其差异特征。可比性能帮助会计信息使用者鉴定不同财务报告中的异同点，可比性的增强能使信息使用者获取的信息更丰富，从而降低会计信息使用者的信息搜索、信息处理等使用成本，帮助投资者更科学地选择投资机会，提高决策效率（De Franco et al.，2011；Li，2010；Barth，2013），可比性的提高还能一定程度抑制应计盈余管理（胥朝阳等，2014）。可见，会计信息可比性的高低直接影响信息使用者的决策，提高可比性也因此成为实证会计领域一直以来备受关注的研究主题。已有研究较多关注会计准则宏观制度层面对会计信息质量的影响，现有研究开始关注经营环境、公司战略及治理结构、客户与供应商、交易特征、投资者行为、审计监管以及管理层动机等中微观因素对会计信息可比性的影响，研究发现地区法制环境、机构投资者持股、投资者实地调研、会计师事务所合并、审计师行业专长、公司间高管联结与管理层自信等对会计信息可比性具有正外部效应（Holthausen et al.，2003；方红星等，2017；孙光国和杨金凤，2017；张勇，2018；叶飞腾等，2017；谢盛纹等，2017；周晓苏，2017；张晓等，2018），产品市场竞争环境、公司战略差异度及偏离度、客户集中度、关联方交易规模、审计师客户重要性、审计师变更与 CEO 变更等对会计信息可比性具有负向影响（袁知柱等，2017；罗忠莲，2018；张先治，2018；张永杰和潘临，2018；张勇，2018；谢盛纹等，2017；张霁若，2017），这为可比性研究积累了相当丰富的文献。

尽管如此，鲜有研究关注资本市场开放对会计信息可比性的影响。已有文献主要从市场运行效率、实体经济、市场反应、审计监管等角度研究资本市场开放的经济后果（严佳佳等，2015；闫红蕾和赵胜民，2016；钟覃琳等，2018；潘越和戴亦一，2008；覃家琦等，2016；罗春蓉等，2017；Liu et al.，2016，华鸣和孙谦，2018；郭阳生等，2018；罗枝心等，2018；周冬华等，2018），孙光国和杨金凤（2017）研究发现，境外机构投资者持股能提升会计信息可比性，但较少有文献从会计信息可比性的角度考察资本市场开放对微观公司层面信息披露行为的影响。那么，来自发达资本市场的境外投资者加入，能够提高会计信息的可比性吗？如果沪港通交易机制能显著提升可比性，那么，其提升程度又是否受到公司内外部治理环境因素的影响而呈现显著差异？这是本章要回答的问题。

本章利用 2014 年沪港通交易试点的准自然实验，借鉴陈等（Chen et al.，2012）、罗栈心等（2018）的研究思路，采用在模型中加入公司固定效应的双重差分方法，检验沪港通交易机制实施对会计信息可比性的影响。在最后的稳健性检验中，将沪港通标的公司作为处理组，通过 PSM 的方法选出非沪港通标的公司作为控制组，再利用双重差分模型进行检验，结果表明，沪港通交易机制显著提升了上市公司会计信息可比性。

本章的研究可能的贡献在于：第一，从会计信息可比性的视角考察沪港通政策对信息披露行为的治理功能，弥补了资本市场开放宏观层面会计信息可比性影响因素研究的不足。现有文献较少关注可比性研究，可能与会计信息可比性在公司层面的测度问题长时间未得到有效解决有关，德－弗兰科等（2011）创新性地提出了基于盈余—收益回归模型的可比性测度方法，为本研究提供了契机。第二，基于资本市场开放视角，发现沪港通交易机制实施对提升公司会计信息可比性具有积极作用，拓展了资本市场开放微观层面的经济后果研究。第三，研究结论为资本市场开放对信息质量的治理作用提供了微观证据，拓展了会计信息可比性的影响因素分析范式，有利于投资者准确评价企业业绩，提高资本配置效率；同时，对新兴市场国家监管部门进一步高水平开放资本市场及规范相关信息披露工作具有借鉴意义。

本章后续安排如下：第二节进行理论分析并提出研究假设；第三节从样本选择和模型设计及变量选取方面进行研究设计；第四节进行实证分析，包括样本及变量的描述性统计、主要假设的验证，并探究沪港通交易机制对会计信息可比性的影响；第五节得出本章的结论。

第二节 理论分析与研究假设

会计信息对资本市场的稳定与发展极其重要，会计信息可比性作为会计信息质量的重要特征，要求不同公司同一期间的相似经济业务生成相似特征的会计数据，不同公司的不同经济业务充分反映其差异特征；同一公司不同期间也应对相似经济业务作出相似会计核算，对不同经济业务作出差异处理。资本市场开放后，投资者为比较同一企业不同时期的财务状况、经营业绩以及评估不同企业的情况，会更重视会计信息系统在减少代理冲突中所发挥的信息作用（陈胜蓝等，2006）。那么，沪港通交易机制是否以及如何影响会计信息系统中的可比性？本节主要从境外投资者、公司管理层和审计师等外部相关者的角度分别对这一问题进行探讨。

首先，从投资者的角度来看，境外机构投资者持股对内部治理的改善、对会计报表关注程度的上升以及对财务信息质量要求的提高，会提升会计信息可比性（孙光国和杨金凤，2017）。一方面，沪港通交易机制通过境外机构投资者发挥内部治理效应提升会计信息可比性。资本市场开放具有"治理效应"，能提升公司治理水平（Mitton，2006），高水平的公司治理可提高会计信息披露质量（叶陈刚等，2016），提升会计信息可比性（张永杰和潘临，2018）。沪港通机制引入众多经验丰富的境外机构投资者，他们持续关注并跟踪公司或买入公司股票成为重要股东，根据约束假说理论，他们可能利用信息和专业优势积极参与公司治理，通过提高独立董事席位等改善公司治理机制来避免利益侵占，约束管理层的自利行为（Chung et al.，2002）和投机行为，发挥更为明显的监督作用和优化治理效应（李维安等，2008；Aggarwal et al.，2011），促使上市公司减少对会计政策的随意选择，从而更谨慎地遵循会计准则的规定，对同类交易或事项的核算采用相同的方法，并通过会计系统生成相似的会计信息，这样，对于同类交易或事项的计量和列报，公司在不同的时点以及在不同的公司，都采用了较为一致的方法，由此提升了会计信息可比性。另一方面，境外投资者更重视会计信息的作用，对财务报表的关注程度上升，对财务信息的质量要求也更高，他们向管理层询问或实地考察的行为会产生外部监督效应。相对于个人投资者，境外机构投资者通常投资金额较大且同时投资多家上市公司，投资行为也较理性，为节约信息搜索等信息处理成本，提高投资决策效率（De Franco et al.，2011；Li，2010），他们在信息解读和投资机会选择过程中会更重视会计信息的作用，期望通过公司提供出的更透明、更可比的会计信息了解财务状况和经营业绩变化趋势的意愿也更强烈；根据供求理论，此时，上市公司基于信号传递和满足需求也倾向于提供可比性更强的会计信息，以便投资者将历史的或将其他公司的财务状况和经营业绩进行比较，从而正确评价公司业绩、管理者能力与公司发展走向，这一定程度从供给侧实现了会计信息可比性的提升。同时，境外机构投资者还可能采用向管理层询问采访、实地调研等方式，了解公司状况来获取更高质量的会计信息，这些行为能有效抑制较差的信息环境对公司会计信息可比性的负面影响（张勇，2018），减少公司管理层随意选择会计政策的可能性，促使会计核算按照现定的会计处理方法进行，保证会计指标元素口径一致，从而提升会计信息的可比性。

其次，从公司管理层的角度看，沪港通的实施可能使管理层生成、披露可比会计信息的动力增强，会更勤勉、更自觉地遵守可比性会计信息质量的要求，对同类经济事项按照相同的会计程序与方法来确认和报告，从而提升会计信息可比性。一方面，依据信号传递理论，真正需要资金的沪港通标的公司，其管理者为了向外界传递"本公司优于市场平均表现"的信号，公司控股股东和管理层会有足够意愿规范公司的会计信息披露，生成可比性更强的会计信息，对同类交易或事项的核算采用相同的方法，对不同交易或事项的核算体现差异性，让境外投资者在信息解读和投资选择过程中看到投资于本公司是足够安全和有利可图的。另一方面，沪港通试点公司是政策的受益者，也是资本市场开放过程中的重点监管对象，分析师、审计机构、媒体等中介机构跟踪上市公司，有效改善了信息环境（郭阳生等，2018），在提升试点公司财务报告关注度的同时，也使外部监督途径多元化，会计信息违规成本上升，促使管理层规范具体会计行为，按照现定的会计处理方法进行会计核算，使会计信息可比性得以"被动"提升。

最后，从监管机构、审计师、媒体、分析师等外部相关者的角度看，香港市场相对完善的市场监管机制以及较高的投资者法律保护，是资本市场开放促进可比性增强的外部动因和制度保障。属于普通法系的香港在投资者法律保护方面本处于世界领先地位，沪港通的实施也必将带来资本市场监管的加强，与之同步的是系列监管文件的发布，如沪港通相关政策明确规定投资者跨境投资的合法权益由证监会与香港证券及期货事务监察委员会共同维护等，加之审计师、媒体、分析师等中介机构的协同监督，促使香港市场的投资者保护与市场监管机制作用于境内 A 股市场，企业的盈余操纵行为较易被识别和揭露，财务舞弊被投资者起诉和被媒体曝光的概率增加，公司遭受严厉法律处罚甚至面临起诉的可能性加大，会计信息违规成本上升，这会抑制管理层因自利而操纵会计政策选择的行为（Leuz，2003），按规定核算经济业务活动，对同类交易或事项的计量和列报，都采用一致的方法，生成更稳健可比的会计信息，从而披露可比性更强的会计信息。基于以上分析，提出本章的假设 4 - 1：

H4 - 1：沪港通交易机制的实施能促进标的上市公司会计信息可比性提升。

第三节 研 究 设 计

一、样本选取与数据来源

本章以 2010 ~ 2017 年为样本期间，采用在模型中加入公司固定效应的双重差分方法，检验沪港通交易机制对会计信息可比性的影响①。以沪港

---

① 因本章所选样本期截止到 2017 年，相对于深港通开通时间 2016 年 11 月，时间轴较短，考虑到其对估计结果影响可能较小，故未探讨深港通机制对会计信息可比性的影响。下同。

通标的公司作为处理组，以沪、深两市非标的公司作为控制组。对初始样本做了如下处理：（1）剔除金融保险业及 ST、*ST 样本；（2）计算会计信息可比性时剔除没有配对公司的样本；（3）剔除财务数据存在缺失值的样本；（4）对所有连续变量在 1% 和 99% 分位点进行缩尾处理。经筛选，最终得到 7683 个样本。本章数据主要来自国泰安数据库（CSMAR）和万得数据库（Wind）。

二、实证模型及变量定义

借鉴德－弗兰科等（2011）、罗桉心等（2018）的研究思路，本章采用在模型中加入公司固定效应的方法构建以下双重差分（DID）模型，检验沪港通交易机制实施对上市公司会计信息可比性的影响。

$$Compacct_{i,t}/Compind_{i,t} = \beta_0 + \beta_1 HKC_{i,t} + \beta_2 Size_{i,t} + \beta_3 Roa_{i,t} + \beta_4 Debt_{i,t}$$
$$+ \beta_5 Liqui_{i,t} + \beta_6 Ndts_{i,t} + \beta_7 Eps_{i,t} + \beta_8 Ggstk_{i,t}$$
$$+ \beta_9 Zh_{i,t} + \beta_{10} Invt_{i,t} + \sum Firm + \sum Year$$
$$+ \sum Ind + \varepsilon_{i,t} \qquad (4-1)$$

（一）被解释变量

模型中的被解释变量（Compacct/Compind）为会计信息可比性，本章借鉴德－弗兰科等（2011）构建的回归模型进行测度。首先，利用公司 i 第 t 年前连续 16 个季度的数据估计下述模型：

$$Earnings_{it} = \alpha_i + \beta_i Return_{it} + \varepsilon \qquad (4-2)$$

其中，$Earnings_{it}$ 代表公司 i 在第 t 年各季度净利润与季度初权益市场价值的比值；$Return_{it}$ 代表公司 i 在第 t 年各季度的股票收益率，以公司 i 过去 16 个季度的连续数据进行回归，估计出系数 $\hat{\alpha}_i$ 和 $\hat{\beta}_i$。

其次，利用回归方程（4-2）中估计出的系数 $\hat{\alpha}_i$ 和 $\hat{\beta}_i$，计算各期的预期盈余：

$$E(Earnings)_{iit} = \hat{\alpha}_i + \hat{\beta}_i Return_{it} \qquad (4-3)$$

$$E(Earnings)_{ijt} = \hat{\alpha}_j + \hat{\beta}_j Return_{it} \qquad (4-4)$$

再次，定义公司 i 和公司 j 之间的会计信息可比性（$CompAcct_{ijt}$）为公

司 i 和公司 j 各期预期盈余的差值取绝对值后，计算过去 16 个季度的加权平均数并取相反数（取相反数保证 $CompAcct_{ijt}$ 数值越大，会计信息可比性越高），具体如下：

$$CompAcct_{ijt} = -1/16 \times \sum_{t-15}^{t} \left| E(Earnings_{iit}) - E(Earnings_{ijt}) \right|$$

$$(4-5)$$

最后，计算公司 i 在 t 年度与同行业所有其他公司的会计信息可比性的平均值（$Compacct$）和中位数（$Compind$）作为公司 i 当年的会计信息可比性。进一步测试中，对模型（4-5）中计算得到的公司 i 与同年度同行业内其他公司的会计信息可比性进行排序，取前四大的加权平均值（$Comp4$）和前十大加权平均值（$Comp10$）作为衡量公司 i 当年会计信息可比性的指标①。

（二）解释变量

沪港通标的公司 $HKC_{i,t}$，当公司 i 在 t 年为沪港通标的公司时取值为 1，否则取值为 0。

（三）控制变量

参考弗朗西斯等、谢盛纹和刘杨晖的研究思路，本章控制了以下变量：公司规模（$Size$）、总资产收益率（Roa）、资产负债率（$Debt$）、现金替代物（$Liqui$）、非债务税盾（$Ndts$）、每股收益（Eps）、高管持股比例（$Ggstk$）、股权制衡度（Zh）、投资支出率（$Invt$），此外，还控制了公司层面固定效应（$Firm$）、年度（$Year$）以及行业（Ind）。

模型（4-1）中 HKC 系数 β_1 即为本章关注的双重差分估计量，表示沪港通交易机制的处理效应。模型中主要变量及其具体定义如表 4-1 所示。

---

① 这里借鉴德 - 弗兰科等（2011）、谢盛纹和刘杨晖（2016）的研究，先计算目标公司与同年度同行业内其他公司的会计信息可比性并排序，再计算前四大的加权平均值（$Comp4$）和前十大加权平均值（$Comp10$）。

表 4 - 1   主要变量定义

变量符号	变量定义
Compacct	会计信息可比性的平均值,借鉴德 - 弗兰科等(2011)的回归模型计算所得
Compind	会计信息可比性的中位数,借鉴德 - 弗兰科等(2011)的回归模型计算所得
HKC	若公司 i 在 t 年为沪港通交易机制试点标的公司,取值为1,否则为0
Size	总资产的自然对数
Roa	净利润/总资产
Debt	资产负债率
Liqui	现金替代物,现金替代物 =(营运资本 - 货币资金)/总资产
Ndts	非债务税盾,非债务税盾 = 固定资产折旧/总资产
Eps	每股收益
Ggstk	高管持股比例
Zh	股权制衡度,股权制衡度 = 第一大股东持股比例/第二大股东持股比例
Invt	投资支出率,公司该年购建固定资产、无形资产和其他长期资产支付的现金/年末总资产
Firm	公司虚拟变量
Year	年度虚拟变量
Ind	行业虚拟变量

第四节 实 证 分 析

一、描述性统计及相关性分析

表 4 - 2 为描述性统计结果。其中,被解释变量会计信息可比性 Compacct 的均值为 - 0.017,中位数为 - 0.015;Compind 的均值为 - 0.015,中位数为 - 0.013,这与江轩宇(2015)、谢盛纹和刘杨晖(2016)的统计结果接近。沪港通虚拟变量 HKC 的均值为 0.065,说明当年被列入沪港通标

的股票的比例约为 6.5%，沪港通交易机制试点规模还较小。其他变量的描述性统计结果都较为合理，与近年来相关文献较为相似。

表 4 – 2　　　　　　　　　　　　描述性统计

变量	数量	均值	标准差	最小值	最大值	p25	p50	p75
Compacct	7683	– 0.017	0.008	– 0.044	– 0.005	– 0.020	– 0.015	– 0.011
Compind	7683	– 0.015	0.008	– 0.045	– 0.004	– 0.018	– 0.013	– 0.009
HKC	7683	0.065	0.247	0.000	1.000	0.000	0.000	0.000
Size	7683	22.04	1.426	19.11	26.95	21.04	21.84	22.80
Roa	7683	0.040	0.055	– 0.186	0.201	0.014	0.037	0.067
Debt	7683	0.437	0.226	0.046	0.978	0.254	0.425	0.607
Liqui	7683	0.037	0.212	– 0.569	0.535	– 0.096	0.046	0.178
Ndts	7683	0.020	0.015	0	0.070	0.008	0.016	0.028
Eps	7683	0.384	0.468	– 0.880	2.220	0.100	0.290	0.575
Ggstk	7683	0.142	0.210	0	0.698	0	0.003	0.274
Zh	7683	10.04	17.38	1	112.9	1.769	3.703	9.665
Invt	7683	0.052	0.049	0	0.241	0.016	0.037	0.073

　　主要变量的相关性系数见表 4 – 3，其中，被解释变量 *Compacct*、*Compind* 与解释变量 *HKC* 均存在显著的关系，初步证明了沪港通交易机制的实施与会计信息可比性之间的显著相关性，解释变量 *HKC* 与控制变量 *Size*、*Roa*、*Debt*、*Liqui*、*Ndts*、*Eps*、*Ggstk*、*Zh*、*Inv* 之间的相关系数均小于 0.5，说明两者之间不存在严重的多重共线性，被解释变量 *Compacct*、*Compind* 与控制变量的相关系数均存在显著的关系，说明控制变量对被解释变量具有显著的影响，同时表明控制变量的选取较合适，本章后续将通过多元线性回归分析来进一步解释沪港通交易机制的实施与上市公司会计信息可比性之间的关系。

资本市场开放、内外部治理与会计信息可比性

表 4－3

主要变量的 Pearson 相关系数

变量	HKC	Compacct	Compind	Size	Roa	Debt	Liqui	Nds	Eps	Ggstk	Zh	Invt
HKC	1											
Compacct	0.085***	1										
Compind	0.089***	0.975***	1									
Size	0.354***	-0.260***	-0.247***	1								
Roa	0.028***	0.174***	0.164***	-0.059***	1							
Debt	0.121***	-0.332***	-0.315***	0.484***	-0.404***	1						
Liqui	-0.062***	0.201***	0.201***	-0.248***	0.275***	-0.566***	1					
Nds	0.018**	-0.124***	-0.116***	0.045***	-0.141***	0.075***	-0.372***	1				
Eps	0.087***	-0.081***	-0.090***	0.131***	0.734***	-0.195***	0.172***	-0.167***	1			
Ggstk	-0.148***	0.201***	0.197***	-0.340***	0.211***	-0.373***	0.290***	-0.176***	0.177***	1		
Zh	0.027***	-0.026**	-0.0170	0.130***	-0.085***	0.146***	-0.094***	0.099***	-0.090***	-0.211***	1	
Invt	-0.048***	0.081***	0.086***	-0.043***	0.125***	-0.097***	-0.131***	0.244***	0.102***	0.131***	-0.073***	1

注：***、** 分别表示1%、5% 的显著性水平。

二、回归分析

表 4-4 报告了沪港通交易机制影响会计信息可比性的回归结果，其中第（1）、（2）列为未对主要变量以及公司、年度和行业加以控制的结果，第（3）、（4）列为控制主要变量但未对公司、年度和行业加以控制的结果，第（5）、（6）列为控制了公司规模（Size）、资产收益率（Roa）、资产负债率（Debt）、现金替代物（Liqui）、非债务税盾（Ndts）、每股收益（Eps）、高管持股比例（Ggstk）、股权制衡度（Zh）、投资支出率（Invt）以及公司特征（Firm）、年度（Year）和行业（Ind）的结果。除了第（3）列外，HKC 的系数均在 1% 或 5% 的水平上显著为正，假设 4-1 得到验证。即相对于沪港通非标的公司，沪港通标的公司的会计信息可比性显著提升。这表明，沪港通交易机制引入后，可能是境外机构投资者参与公司治理，经理人为满足需求方要高信息质量的要求，更加勤勉和自觉地遵守会计准则，改善了内部治理，降低了随意选择会计政策的可能性；也可能是机构投资者、审计师、监管机构、分析师和媒体等多方协同的外部监督加强，约束了公司经理人的自利行为，从而减少会计政策和会计估计选择，提升了公司的会计信息可比性。对于控制变量，资产收益率（Roa）、现金替代物（Liqui）、高管持股比例（Ggstk）、股权制衡度（Zh）、投资支出率（Invt）与会计信息可比性正相关；而公司规模（Size）、资产负债率（Debt）、非债务税盾（Ndts）和每股收益（Eps）与会计信息可比性负相关，这与谢盛纹和刘杨晖（2016）等既有文献的结果基本一致。

表 4-4　　　　　　　　　　沪港通与会计信息可比性

变量	(1)	(2)	(3)	(4)	(5)	(6)
	Compacct	Compind	Compacct	Compind	Compacct	Compind
HKC	0.001 *** (2.77)	0.001 *** (3.44)	0.001 (1.53)	0.001 ** (2.36)	0.001 *** (3.63)	0.002 *** (4.02)
Size			-0.001 *** (-10.46)	-0.001 *** (-9.52)	-0.000 *** (-5.48)	-0.000 *** (-5.54)

续表

变量	(1)	(2)	(3)	(4)	(5)	(6)
	Compacct	Compind	Compacct	Compind	Compacct	Compind
Roa			0.036*** (14.28)	0.039*** (14.64)	0.032*** (13.84)	0.036*** (14.14)
Debt			-0.007*** (-12.16)	-0.006*** (-10.20)	-0.002*** (-3.92)	-0.002*** (-3.20)
Liqui			0.000 (0.50)	0.001** (2.17)	0.003*** (5.49)	0.004*** (6.25)
Ndts			-0.082*** (-14.12)	-0.080*** (-12.89)	-0.040*** (-6.46)	-0.042*** (-6.25)
Eps			-0.005*** (-17.22)	-0.005*** (-17.95)	-0.004*** (-17.30)	-0.005*** (-17.75)
Ggstk			0.005*** (8.80)	0.005*** (8.64)	0.006*** (9.79)	0.006*** (8.91)
Zh			0.001* (1.85)	0.021** (2.51)	0.002*** (4.12)	0.013*** (4.45)
Invt			0.019*** (10.72)	0.022*** (11.26)	0.014*** (8.29)	0.017*** (9.20)
Constant	-0.016*** (-143.93)	-0.014*** (-120.02)	0.005*** (3.03)	0.006*** (3.37)	-0.001 (-0.77)	-0.000 (-0.08)
Firm	未控制	未控制	未控制	未控制	控制	控制
Year	未控制	未控制	未控制	未控制	控制	控制
Ind	未控制	未控制	未控制	未控制	控制	控制
N	8310	8310	7683	7683	7683	7683
R-squared	0.013	0.012	0.214	0.202	0.351	0.297
F	35.27	33.18	174.3	161.9	65.55	51.05

注：括号内为 t 值；***、**、* 分别表示 1%、5%、10% 的显著性水平（双尾）。

三、稳健性检验

（一）替换会计信息可比性测度指标

本章借鉴德 - 弗兰科等（2011）、谢盛纹和刘杨晖（2016），用 Comp4

和 Comp10 重新测度会计信息可比性，回归结果见表 4-5。由表 4-5 可知，替换会计信息可比性测度指标后，第（1）、（2）列为未对主要变量以及公司（Firm）、年度（Year）和行业（Ind）加以控制的结果，第（3）、（4）列为控制主要变量但未对公司（Firm）、年度（Year）和行业（Ind）加以控制的结果，第（5）、（6）列为控制了公司规模（Size）、资产收益率（Roa）、资产负债率（Debt）、现金替代物（Liqui）、非债务税盾（Ndts）、每股收益（Eps）、高管持股比例（Ggstk）、股权制衡度（Zh）、投资支出率（Invt）以及公司特征（Firm）、年度（Year）和行业（Ind）的结果，结果显示，HKC 的系数均在 1% 的水平上显著为正，主要结论保持不变，表明沪港通交易机制可以显著提升标的公司会计信息可比性，具有公司治理作用。

表 4-5　　替换会计信息可比性测度指标——沪港通与会计信息可比性

变量	(1)	(2)	(3)	(4)	(5)	(6)
	Comp4	Comp10	Comp4	Comp10	Comp4	Comp10
HKC	0.001 *** (5.60)	0.002 *** (5.39)	0.001 *** (3.86)	0.001 *** (3.44)	0.001 *** (5.25)	0.001 *** (4.76)
Size			-0.000 *** (-9.51)	-0.001 *** (-11.16)	-0.000 *** (-7.20)	-0.000 *** (-7.14)
Roa			0.013 *** (7.81)	0.017 *** (7.83)	0.014 *** (9.64)	0.018 *** (9.83)
Debt			-0.001 * (-1.95)	-0.001 *** (-2.59)	-0.001 * (-1.91)	-0.001 *** (-2.67)
Liqui			0.002 *** (7.76)	0.004 *** (8.96)	0.001 *** (3.87)	0.002 *** (4.78)
Ndts			-0.042 *** (-10.97)	-0.054 *** (-10.86)	-0.025 *** (-6.47)	-0.026 *** (-5.45)
Eps			-0.002 *** (-10.08)	-0.002 *** (-8.89)	-0.002 *** (-13.84)	-0.003 *** (-13.67)
Ggstk			0.002 *** (5.96)	0.003 *** (6.68)	0.002 *** (5.67)	0.003 *** (7.46)

续表

变量	(1) Comp4	(2) Comp10	(3) Comp4	(4) Comp10	(5) Comp4	(6) Comp10
Zh			0.001 (0.94)	-0.020 (-0.05)	0.026 *** (3.78)	0.033 *** (3.25)
Invt			0.009 *** (7.70)	0.013 *** (8.70)	0.008 *** (7.64)	0.011 *** (8.16)
Constant	-0.005 *** (-73.09)	-0.008 *** (-82.31)	0.006 *** (5.75)	0.009 *** (6.80)	-0.000 (-0.19)	-0.002 (-1.22)
Firm	未控制	未控制	未控制	未控制	控制	控制
Year	未控制	未控制	未控制	未控制	控制	控制
Ind	未控制	未控制	未控制	未控制	控制	控制
N	8310	8310	7683	7683	7683	7683
R-squared	0.013	0.012	0.121	0.140	0.328	0.387
F	36.17	34.45	88.24	103.9	59.09	76.27

注：括号内为 t 值；***、* 分别表示 1%、10% 的显著性水平（双尾）。

（二）QFII 未持股

QFII 持股对于改善企业公司治理、提升会计信息披露质量具有积极作用（Gul F A, et al., 2010；步丹璐和屠长文, 2017）。一方面，外资股东和管理层之间的地理距离、文化差异、制度差异等可能在一定程度强化代理冲突，外资股东为了有效监督管理者减轻代理问题，通常对信息披露质量和内容具有更高的要求（Haniffa and Cooke, 2002），在监督管理者时表现出更高的积极性（Aggarwal, 2011），也有动力参与公司治理。另一方面，外资股东处于一个较为独立的地位，且与其他股东具有较少的利益纠纷，如果他们来自美国等更成熟和完善的资本市场，还通常拥有丰富的投资经验和较高的素质，投资分析能力和实践经验较强，可能会更积极主动地分析和监管上市公司信息和行为，加之成熟的投资者保护机制和更严格的市场监管，使 QFII 持股的公司面临更为严格的外部监督和更严格的法律约束，如公司出现违规行为将会遭受多方监管层的严厉处罚甚至面临诉讼风险，这可以有效地促进国内企业公司治理机制的完善（Gillan. Starks，2000；潘爱玲和任刚，2003）。因此，外资机构投资者为节约信息搜索和信息处理成本，提高投资决策效率，相对普通投资者，可能会更积极主动地关注会计信息的可比性并提出更高质量要求，也更容易发现公司财务信息违规行为，从而能减少公司管理层随意选择会计政策的可能性，促使会计核算按照现定的会计处理方法进行，保证会计指标元素口径一致，从而提升会计信息的可比性。

因此，为排除 QFII 持股对本章估计结果产生的可能影响，进一步结合 QFII 未持股样本，将会计信息可比性指标分别采用 *Compacct*、*Compind*、*Comp*4 和 *Comp*10 进行测度，采用模型（4-1）分析沪港通交易机制实施后会计信息可比性是否显著提升。表 4-6 列示了 QFII 未持股样本的回归结果，*HKC* 系数为正且在 1% 水平显著，表明沪港通交易机制启动之后，QFII 未持股公司的会计信息可比性显著提升。表 4-6 的结果进一步验证了本章假设，即沪港通交易机制的实施引入了境外投资者，在声誉机制、潜在会计信息违规风险以及监管环境的作用下，促使公司管理者减少随意选择会计政策和会计估计的可能性，提高稳健性水平，更勤勉、自觉地遵守会计准则的规定，对相似经济业务采用相同会计处理方法进行会计核算生成相似的会计数据，对不同业务采用不同方法核算生成反映经济事项差异特征的数据，实现会计指标元素口径一致，从而提高会计信息可比性。

表 4-6　　　非 QFII 持股的检验结果——沪港通与会计信息可比性

变量	（1）	（2）	（3）	（4）
	Compacct	*Compind*	*Comp*4	*Comp*10
HKC	0.064 ***	0.082 ***	0.034 ***	0.051 ***
	(4.11)	(4.74)	(3.48)	(4.15)
Size	-0.001 ***	-0.001 ***	-0.000 ***	-0.001 ***
	(-7.50)	(-7.72)	(-9.10)	(-9.06)
Roa	0.028 ***	0.031 ***	0.013 ***	0.015 ***
	(11.06)	(11.30)	(7.98)	(7.88)

变量	(1) Compacct	(2) Compind	(3) Comp4	(4) Comp10
Debt	− 0.002 *** (− 2.75)	− 0.001 ** (− 2.03)	− 0.000 (− 0.59)	− 0.001 (− 1.36)
Liqui	0.002 *** (4.51)	0.003 *** (5.21)	0.001 *** (3.03)	0.002 *** (3.76)
Ndts	− 0.033 *** (− 5.36)	− 0.036 *** (− 5.34)	− 0.022 *** (− 5.57)	− 0.021 *** (− 4.33)
Eps	− 0.004 *** (− 16.26)	− 0.005 *** (− 16.63)	− 0.002 *** (− 13.22)	− 0.003 *** (− 13.04)
Ggstk	0.005 *** (9.50)	0.005 *** (8.58)	0.002 *** (5.48)	0.003 *** (7.33)
Zh	0.002 *** (3.86)	0.014 *** (4.11)	0.001 *** (3.56)	0.002 *** (2.95)
Invt	0.012 *** (6.92)	0.015 *** (7.92)	0.007 *** (6.74)	0.009 *** (7.03)
Constant	0.002 (− 1.19)	0.004 ** (− 0.04)	0.002 (1.31)	0.001 (0.89)
Firm	控制	控制	控制	控制
Year	控制	控制	控制	控制
Ind	控制	控制	控制	控制
N	5332	5332	5332	5332
R-squared	0.359	0.302	0.343	0.400
F	64.75	49.88	60.24	76.76

注：括号内为 t 值；*** 、** 分别表示 1%、5% 的显著性水平（双尾）。

（三）倾向得分匹配与双重差分估计

本部分首先保留样本期间被调入沪港通标的试点公司的数据，并标记为处理组（ $Treat = 1$ ）；同时，保留从未加入过沪港通标的试点的样本，标记为控制组（ $Treat = 0$ ），考虑到沪股通试点标的公司并非随机选定而可能存在样本选择偏误，导致处理组与控制组在公司特征方面原本存在差异从而降低 DID 模型估计结果的稳健性，本章采用 PSM 的方法，确定公司特征相似的控制组并得到配对样本，然后分别进行安慰剂检验和双重差分估计。

由于沪股通标的股票的筛选原则综合考虑了公司规模、盈利能力和成长性等特点，因此本部分对应选取公司规模（Size）、总资产收益率（Roa）、每股收益（Eps）、成长性（Growth）和投资支出率（Invt）作为倾向得分匹配过程中的解释变量，以 Treat 为被解释变量，并控制年度（Year）、行业（Ind）固定效应。根据 1∶1 近邻匹配原则，最终得到配对样本 5102 个，即 2551 组。DID 重新估计前的配对样本平衡性检验结果见表 4 - 7，此时处理组与控制组所在的公司规模（Size）、成长性（Growth）和每股收益（Eps）等已不存在显著差异。

表 4 - 7   PSM 平衡性检验

解释变量	Treat	Control	t-value	p-value
Size	23. 3970	23. 3584	1. 59	0. 108
Roa	0. 04204	0. 03347	1. 26	0. 307
Eps	0. 45603	0. 44719	0. 57	0. 446
Invt	0. 04107	0. 05237	- 1. 45	0. 121
Growth	0. 13756	0. 15407	- 0. 13	0. 894

参照陈等（Chen et al. , 2015）、张璇等（2016）的做法，本部分运用安慰剂检验沪港通交易机制与会计信息可比性之间的因果关系。模型如下：

$$Compacct_{i,t} / Compind_{i,t} = \beta_0 + \beta_1 Post_{i,t} + \gamma Controls + \varepsilon_{i,t} \qquad (4-6)$$

Post 为沪港通时间虚拟变量，对于处理组，若为公司进入沪港通标的之后取值为 1，否则为 0；对于控制组，沪港通开通后取值为 1，否则为 0，其他变量定义与模型（4 - 5）相同。根据安慰剂检验思想，本章运用模型（4 - 6），对处理组和控制组分别进行回归。处理组的回归结果见表 4 - 8 第（1）、（2）列，Post 回归系数均为 0. 001 且在 5% 水平上显著，说明沪港通交易机制实施后标的公司会计信息可比性提升；控制组的回归结果见表4-8第（3）、（4）列，*Post*回归系数均不显著，表明控制组公司会计信息可比性并不受沪港通交易机制的影响。

表4-8   PSM 配对后安慰剂检验与 DID 估计

变量	处理组		控制组		全样本	
	（1）	（2）	（3）	（4）	（5）	（6）
	Compacct	*Compind*	*Compacct*	*Compind*	*Compacct*	*Compind*
Post	0.001 ** (1.97)	0.001 ** (2.26)	0.001 (1.23)	0.001 (1.20)	0.002 *** (3.69)	0.002 *** (3.62)
Treat					0.002 *** (5.87)	0.002 *** (5.90)
Post × Treat					0.002 *** (5.07)	0.002 *** (5.94)
Size	-0.001 *** (-8.61)	-0.001 *** (-8.55)	0.001 *** (5.92)	0.001 *** (6.28)	-0.000 *** (-3.53)	-0.000 *** (-3.32)
Roa	0.005 (0.98)	0.005 (0.83)	0.023 *** (5.26)	0.027 *** (5.82)	0.031 *** (9.86)	0.034 *** (10.02)
Debt	0.001 (1.14)	0.002 * (1.71)	-0.006 *** (-7.43)	-0.006 *** (-6.94)	-0.003 *** (-3.71)	-0.002 *** (-3.06)
Liqui	0.002 * (1.72)	0.002 ** (2.32)	0.001 * (1.72)	0.002 ** (2.46)	0.002 *** (3.43)	0.003 *** (4.38)
Ndts	-0.020 * (-1.78)	-0.021 * (-1.66)	-0.031 *** (-3.81)	-0.030 *** (-3.36)	-0.037 *** (-5.19)	-0.036 *** (-4.62)
Eps	-0.004 *** (-8.10)	-0.004 *** (-8.02)	0.002 *** (2.79)	0.002 *** (2.64)	-0.004 *** (-11.59)	-0.005 *** (-11.65)
Ggstk	0.006 *** (2.77)	0.005 ** (2.41)	0.003 *** (5.31)	0.003 *** (4.18)	0.005 *** (7.80)	0.005 *** (6.90)
Zh	0.001 * (1.71)	0.001 * (1.78)	0.012 (1.39)	0.012 (1.11)	0.003 *** (2.86)	0.003 *** (2.87)
Invt	0.013 *** (3.85)	0.018 *** (4.82)	0.011 *** (4.42)	0.012 *** (4.47)	0.013 *** (6.12)	0.016 *** (6.80)

变量	处理组		控制组		全样本	
	(1)	(2)	(3)	(4)	(5)	(6)
	Compacct	Compind	Compacct	Compind	Compacct	Compind
Constant	0.016 *** (5.39)	0.019 *** (5.72)	−0.032 *** (−8.12)	−0.036 *** (−8.31)	−0.002 (−1.09)	−0.002 (−0.92)
Year	未控制	未控制	未控制	未控制	控制	控制
Ind	控制	控制	控制	控制	控制	控制
N	2551	2551	2551	2551	5102	5102
R-squared	0.376	0.333	0.455	0.415	0.339	0.289
F	26.10	21.67	35.62	30.27	40.77	32.29

注：括号内为 t 值；*** 、** 、* 分别表示1%、5%、10%的显著性水平（双尾）。

进一步，本章按照经典双重差分（DID）估计方法对匹配样本进行估计，再次识别沪港通交易机制与会计信息可比性之间的因果关系。具体的模型设定如下：

$$Compacct_{i,t}/Compind_{i,t} = \beta_0 + \beta_1 Post_{i,t} + \beta_2 Treat_{i,t} + \beta_3 Post_{i,t} \times Treat_{i,t}$$
$$+ \gamma Controls + \varepsilon_{i,t} \qquad (4-7)$$

其中，$Treat$ 为沪港通虚拟变量，若公司 i 为沪港通标的公司，取值为1，否则为0；$Post$ 变量定义与模型（4-6）相同，其他变量定义与模型（4-1）相同。回归结果见表4-8第（5）、（6）列，HKC 的系数为0.002且在1%水平上显著，这表明控制了样本选择性偏误后，前面得出结论仍然成立。

（四）人为设定实验发生时刻

如果会计信息可比性的提升是由于沪港通交易机制试点的实行，那么本章人为调整沪港通交易机制的实施时间，双重差分估计结论将不再成立。为此，参照周冬华（2018）和郭阳生（2018）的做法，将沪港通交易机制实施时间向前调整三年，即假定2011年开通沪港通，重新采用DID模型（4-1）进行估计，结果见表4-9第（1）、（2）列。HKC 的回归系数均不再显著，这表明会计信息可比性的提升确实是沪港通交易机制实施所致。

表4-9　　　　　　　　　沪港通与会计信息可比性稳健性测试

变量	（1） *Compacct*	（2） *Compind*	（3） *Compacct*	（4） *Compind*
HKC	0.001 (1.13)	0.000 (0.05)	0.001*** (2.78)	0.002*** (3.20)
Size	-0.001*** (-5.79)	-0.001*** (-6.20)	-0.000*** (-5.41)	-0.001*** (-5.54)
Roa	0.038*** (15.09)	0.043*** (15.46)	0.035*** (13.22)	0.040*** (13.46)
Debt	-0.002*** (-3.71)	-0.002*** (-3.00)	-0.002*** (-2.89)	-0.002** (-2.21)
Liqui	0.003*** (5.48)	0.004*** (6.19)	0.003*** (4.58)	0.003*** (5.31)
Ndts	-0.044*** (-6.53)	-0.049*** (-6.52)	-0.036*** (-5.18)	-0.038*** (-4.88)
Eps	-0.005*** (-17.05)	-0.006*** (-17.65)	-0.005*** (-15.72)	-0.005*** (-16.41)
Ggstk	0.005*** (8.00)	0.005*** (7.14)	0.005*** (8.34)	0.005*** (7.53)
Zh	0.004*** (3.86)	0.004*** (4.28)	0.003*** (3.51)	0.003*** (3.54)
Invt	0.015*** (7.68)	0.018*** (8.32)	0.015*** (7.64)	0.018*** (8.22)
Constant	0.000 (0.20)	0.003 (1.21)	-0.002 (-1.03)	-0.000 (-0.14)
Firm	控制	控制	控制	控制
Year	控制	控制	控制	控制
Ind	控制	控制	控制	控制
N	6783	6783	5852	5852
R-squared	0.380	0.328	0.365	0.310
F	62.52	49.76	54.58	42.67

注：括号内为 *t* 值；***、** 分别表示1%、5%的显著性水平（双尾）。

（五）变换时间样本

沪港通交易机制正式启动的时间为 2014 年 11 月 17 日，本章考虑到试点初期交易不够活跃，影响 2014 年度财务报表披露的可能性较小，而前面为了研究的连续性，定义沪港通交易机制实施时期时包含了 2014 年当年；现为检验估计结果的有效性，同时考虑沪港通实施以前及以后的时间对称性，重新定义样本时期为剔除沪港通交易机制实施当年及 2010 年，对 2011 ~ 2013 年与 2015 ~ 2017 年的样本，再次采用模型（4 - 1）进行双重差分估计，回归结果报告在表 4 - 9 第（3）、（4）列，主要结论保持不变。这进一步证明了前面结论的稳健性，即沪港通交易机制可以显著提升标的公司的会计信息可比性，具有公司治理作用。

第五节　本 章 小 结

本章基于资本市场开放的视角，利用 2014 年沪港股票交易互联互通试点的准自然实验，采用 DID 双重差分法研究了沪港通交易机制实施对会计信息可比性的影响，实证检验了沪港通交易机制对公司信息披露行为的治理功能。研究发现，在控制其他因素影响后，沪港通交易机制的实施显著提升了公司会计信息可比性。通过替换会计信息可比性测度指标、QFII 未持股的检验、倾向得分匹配、安慰剂检验和变换时间样本等稳健性测试，结论仍然成立。

本章的研究结论对促进我国资本市场健康发展和完善公司信息披露具有重要借鉴意义。一方面，提示监管部门鉴于资本市场开放对企业信息生成行为具有积极的公司治理功能，应进一步加大高水平资本市场开放并规范管理，通过境外机构投资者、证券分析师、媒体、审计师等相关主体的多方协同作用，充分发挥沪港通交易机制对信息生成与披露行为的外部治理效应，提升上市公司会计信息可比性，降低信息使用者的信息处理成本，提高投资融资决策效率。另一方面，虽然本章稳健性检验中排除了 QFII 持股对沪港通提升会计信息可比性的可能影响，但外资持股作为资本市场上一种重要的外部治理机制，其对于改善公司治理和提升公司价值具有积极作用。故随着外资 A 股参与率提升，建议监管部门应规范管理，统筹研究并适时调整外资持有 A 股的比例上限，包括境外投资者合计持有及单一境外投资者持有上市公司股份的上限政策等，以期进一步发挥外资持股对国内企业的积极治理功能。

由于沪港通交易机制实施的时间点较新，可获取的数据有限，本章暂未分析沪港通交易机制对会计信息可比性的长期影响，比如，随着我国资本市场的日益完善，沪港通交易机制是否会因为"政策依赖"使上市公司"内生发展"动机减弱；我国沪港通交易机制更长窗口期的经验数据是否会支持伍格勒（Wurgler，2010）的"资本市场对外开放能显著提高发展中国家的资本配置效率，但对发达国家却不显著"这一研究结论等，这些都是以后阶段要研究的重点。

第五章

资本市场开放、内部治理
与会计信息可比性

第一节　问题的提出

我国首批列入沪港通试点名单的标的股票为 568 只，这一举措推进了我国资本市场融入国际，也使得对资本市场开放的经济后果探讨因此而具有重要理论价值和战略意义。依据有效市场假说，资本市场开放有利于引入境外机构投资者，对股票市场和实体经济均能带来积极影响。首先，香港及境外投资者进入内地市场，"有能力"帮助 A 股公司学习先进经验和技术，A 股公司也"有机会"加以持续改进；其次，香港及境外投资者会通过对内地市场的强有力监督，倒逼 A 股公司加强内部治理，提高信息供给质量；最后，香港及境外投资者的进入会加剧市场竞争，A 股公司为了吸引更多境外投资者，也有强烈的自我改善意愿，从而会进一步规范公司管理，改善信息披露环境。已有研究表明，境外投资者具有治理效应与信息效应，资本市场开放有助于提高公司治理水平，提升财务决策效率，提高信息披露水平（Fang V W. et al.，2015）和发展中国家的资本配置效率（Wurgler，2010），提高标的公司的审计需求（周冬华等，2018）和审计质量（罗栎心等，2018），有利于降低资本成本（Henry，2000）和股价同步性（钟覃琳和陆正飞，2018）；沪港股票市场交易的互联互通还能改善信息环境（郭阳生等，2018），提升公司治理水平，机构投资者参与能够减轻信息不对称，提高股票增发市场的定价效率（李志胜等，2010），提高资本市场效率。

公司治理作为保护投资者利益的机制之一，可以有效地约束管理层的机会主义行为（Leuz，2003；Liu and Lu，2007）。因此，公司面临的内、外部治理环境可能对沪港通交易机制与公司信息可比性的关系产生影响。本书第四章实证检验了沪港通交易机制实施对公司微观层面会计信息可比性的影响，结果表明沪港通交易机制具有能显著提升上市公司会计信息可比性的政策效果。沪港通交易机制可能通过投资者、审计师、媒体和监管层等多方协同的外部监督，约束经理人的自利行为，发挥其外部治理效应，减少会计政策和会计估计选择；也可能通过境外机构投资者参与公司治理、经理人出于满足投资者更高信息质量的要求、缓解融资约束或规避会计信息违规风险等动机，发挥其内部治理效应，促使管理层改善会计信息质量的动力增强，更勤勉、更谨慎、更自觉地遵循会计准则的规定核算经济业务，对相似业务生成相似的会计数据，不同经济业务生成反映其差异特征的数据，从而减少会计政策和会计估计选择，提升公司的会计信息可比性。即沪港通交易机制通过发挥其内、外部治理效应而对上市公司的会计信息可比性产生影响。那么，上市公司的内、外部治理环境是否会对沪港通交易机制与公司会计信息可比性之间的关系产生影响？这是本章要进一步研究的问题。本章主要探讨上市公司内部治理对沪港通交易机制与会计信息可比性之间关系的影响。具体地，公司的治理结构和监管体系如董事会、监事会与股东大会运作机制与相关监督机制等内部治理系统是否会影响沪港通提升会计信息可比性的政策效果？作为公司治理基础环境因素的内部控制是否也会影响沪港通提升会计信息可比性的政策效果？或者说，在内部治理水平高低不同的公司之间，沪港通交易机制的实施对公司会计信息可比性的提升是否具有显著差异？公司内部治理是否可以解释沪港通实施对不同标的公司会计信息可比性提升所造成的差异？

有效的内部治理有助于改善公司的会计信息质量，有缺陷的公司治理是会计信息失真的重要根源。公司内部治理涉及公司各利益主体之间责、权、利关系的制度安排，包括决策、激励、监督等机制的建立和运行等。

现有研究主要从股权结构、董事会及审计委员会特征等方面，对公司治理与财务报表舞弊或盈余管理、会计信息质量的关系进行探讨，为本领域研究积累了丰富的成果，虽然研究结论不尽一致或截然相反，但为现行研究提供了颇具意义的启示。研究发现：当管理人员入股或机构所占股权增加时，经理操纵盈利数字的可能性降低（Warfield，1995），股权集中度与财务报告质量负相关（La Porta et al.，1997）；发行在外的普通股比例与公司发生财务舞弊的可能性负相关，非舞弊公司董事会中外部董事比例显著高于进行过财务报表舞弊的公司（Beasley，1996）；内部董事占全体董事的比例越高，或公司董事长与总经理为两职合一，或公司未设立审计委员会，该公司越可能因违反 GAAP 而受到美国证券交易委员会的处罚（Dechow et al.，1996）；比斯利（1996）研究还发现，董事会规模越大，公司越可能发生财务报告舞弊；持股董事、监事的数量和比例，董、监事会会议频率，独立董事数量，监事会规模等与会计信息质量显著相关，董事会规模、灰色监事与名誉监事等对公司会计信息质量的改善未产生影响（薛祖云和黄彤，2004）；刘立国、杜莹（2003）选取因财务报告舞弊而被证监会处罚的上市公司作为研究样本，主要从董事会结构、股权特征两方面，对公司治理与财务报告舞弊之间的关系进行实证分析，发现第一大股东为国资委时，公司发生财务报告舞弊的可能性越大，流通股比例与公司发生财务报告舞弊的可能性负相关，董事会规模与财务报告舞弊呈正向相关但并不显著，用前十大股东持股比例平方和 H10 测度的股权集中度与发生财务报告舞弊的可能性负相关；杜兴强和温日光（2007）以盈余管理程度的反向来测度会计信息质量并构建会计信息质量综合指数，采用泊松回归方法，从公司治理的六个层面（包括股权集中度、高层管理当局薪酬、最终控制人性质、高层管理人员数量、高层管理当局持股比例、公司治理中的会议频次等）和综合角度实证分析其与会计信息质量之间的关系，研究发现，公司的股东大会召开得越多，董事会会议召开得越多，会计信息质量越差；而公司的股权集中度越高，监事会会议召开得越多，会计信息质量越好，国家控股的上市公司比非国家控股的上市公司会计信息质量更高；但也有研究认为，会议频率较高的董事会更有责任心，愿意花更多的时间和精力履职，会带来公司业绩的改善；徐莉萍等（2007）发现股权集中度与经营绩效显著正相关且这种关系在不同性质的控股股东中也存在。

内部控制与公司治理高度相关，一个健全的内部控制机制实际上是完善的公司治理结构的体现（王蕾，2001）。内部控制作为公司治理的一项重要机制，一直是公司治理乃至资本市场研究中备受关注的问题。内部控制相当于公司治理的基础设施建设，如果没有系统且有效的内部控制，公司治理将成为一纸空文（杨雄胜，2005），如果不强化内部控制的建立、健全这一公司治理的基础环境完善，要确保会计信息的真实、完整只能是奢谈（黄世忠，2001；吴水澎和陈汉文等，2000）。故本章在探讨上市公司股权结构及董事会特征等内部治理机制对沪港通交易机制实施与会计信息可比性之间关系影响的基础上，进一步探究内部控制质量对沪港通交易机制实施与会计信息可比性之间关系的影响。2016 年欣泰电气因欺诈发行成为"退市第一股"，皖江物流两年虚增营业收入 91 亿元成为 A 股"造假王"，2017 年证监会发布的财务造假行政处罚通知 29 份，约为 2016 年的两倍……系列财务造假案件暴露出内部控制的缺陷和低质量，我国上市公司内部控制建设和健全任重而道远。国内外学者从治理结构、产权性质、外部规制和管理者特征等因素研究内部控制并取得了丰硕成果（Johnstone，2011；Klamm，2012；Balsam，2014；Li，2010；杨洁，2011；Munsif，2013；Graham and Bedard，2013；Kanagaretnam，2016；陈汉文，2010）。尽管如此，已有文献较少从沪港通交易机制实施视角关注资本市场开放对公司微观层面会计信息可比性的影响；为数不多的文献探讨了境外投资者对于公司管理者具有一定监督作用进而改善治理（Fang V W. et al.，2015），但是，沪港通交易机制的实施是否会通过境外投资者及其他相关主体如审计师、分析师、媒体、监管机构和管理者等的监督治理作用于公司的内部控制，进而影响沪港通与上市公司的会计信息可比性之间的关系呢？这些问题尚待验证。

基于以上分析，本章利用 2014 年沪港股票交易互联互通试点的准自然实验，研究了内部治理对沪港通与会计信息可比性两者之间关系的影响。本章借鉴陈等（2012）、罗栋心等（2018）的研究思路，采用在模型中加入公司固定效应的双重差分方法，从上市公司董事会特征、股权结构及内部控制质量三个维度，将全样本进行分组，依次区分为董事会规模较大组与较小组，独立董事比例较高组与较低组，公司治理中的董事会、监事会与股东大会会议频次较多组与较少组，董事长与总经理两职合一组与两职分离组，股权集中度较高组与较低组，内部控制质量较高组与较低组，进一步分析公司内部治理对沪港通交易机制实施与会计信息可比性的具体影响。在最后的稳健性检验中，本章将沪港通标的公司作为处理组，通过PSM 的方法选出非沪港通标的公司作为控制组，再利用双重差分模型进行检验，结果表明，在董事会规模较大、独立董事比例较低、董事会会议次数较多、监事会会议次数较少、股东大会会议次数较多、董事长与总经理为两职合一、股权集中度较低、内部控制质量较低组，沪港通交易机制的实施对促进上市公司会计信息可比性的提升更显著。

本章可能的贡献在于：第一，从内部治理的视角考察沪港通政策对公司微观层面会计信息可比性的影响，丰富了资本市场开放的经济后果研究。国内学者对沪港通的研究多数集中在资本市场定价效率、中介机构、公司审计及投资风险的影响，较少有学者研究内部治理对沪港通政策实施与上市公司会计信息可比性之间关系的影响。第二，将沪港通交易机制、内部治理与会计信息可比性置于同一框架进行研究，关注股权结构、董事会特征和内部控制质量对沪港通实施与上市公司会计信息可比性的影响，丰富了该主题的研究成果。研究发现，在不同的公司治理水平下，沪港通交易机制实施对公司会计信息可比性的提升具有显著差异，即沪港通实施后，上市公司会计信息可比性提升程度差异受公司内部治理机制的影响，在董事会规模较大、独立董事比例较低、董事会会议次数较多、监事会会议次数较少、股东大会会议次数较多、董事长与总经理为两职合一、股权集中度较低、内部控制质量较低组，沪港通交易机制的实施对促进上市公司会计信息可比性的提升更显著，这是对已有沪港通交易机制与会计信息可比性研究的重要补充。第三，本章的研究结论为完善公司治理提供了微观证据，拓展了我国上市公司会计信息可比性的影响因素分析范式；对新兴市场国家监管部门进一步高水平开放资本市场及规范公司治理具有借鉴意义。

本章后续安排如下：第二节进行理论分析并提出研究假设；第三节从样本选择和模型设计及变量选取方面进行研究设计；第四节进行实证分析，包括样本及变量的描述性统计、主要假设的验证，并探究董事会特征、股权结构和内部控制质量对沪港通实施与上市公司会计信息可比性关系的影响；最后，得出本章的结论。

第二节　理论分析与研究假设

沪港通交易机制可能通过投资者、审计师、媒体和监管层等多方协同的外部监督，发挥外部治理效应，约束经理人的自利行为，减少会计政策和会计估计选择；也可能通过境外机构投资者参与公司治理、经理人出于满足投资者更高信息质量的要求、缓解融资约束或规避会计信息违规风险等动机，发挥其内部治理效应，促使管理层改善会计信息质量的动力增强，更勤勉、更谨慎、更自觉地遵循会计准则的规定核算经济业务，对相似业务生成相似的会计数据，不同经济业务生成反映其差异特征的数据，从而减少会计政策和会计估计选择，实现沪港通交易机制对信息质量的治理效应，提升公司的会计信息可比性。

公司现有的内部治理环境可能对沪港通交易机制与会计信息可比性之间的关系产生影响。本节接下来主要从董事会特征、股权结构及内部控制质量三个维度进行探讨。

第一，从董事会特征来看，上市公司董事会、监事会等某些重要特征会对董事会工作效率产生影响，董事会和审计委员会的行动及其成员的财务知识成为阻止经理盈余管理倾向的重要因素（Biao Xie et al.，2001），从而经营者通过盈余管理"粉饰"会计信息的可能性变小，他们转而谨慎地遵循会计准则规定，对相似业务生成相似的会计数据，不同业务生成反映其差异特征，进而董事会对财务信息生成与披露发挥一定的监督作用，促进上市公司会计信息可比性提升。首先，从董事会规模来看，适度规模的小型董事会工作效率较高。我国《公司法》规定，股份有限公司董事会规模为 5～19 人，但实际中却因公司而异，通常认为，小型董事会更容易对环境变化迅速作出最适调整和决策，工作效率较高，加之我国特殊的文化背景，人际关系可能成为公司治理的隐患，故董事会规模越大，公司越可能发生财务报告舞弊（Beasley，1996），董事会成员数量越多，会计信息质量越差（杜兴强和温日光，2007），则上市公司管理者接受的监督控制较弱，其遵循会计准则可比性进行核算的可能性也越小，从而会计信息可比性越弱；反之，董事会成员数量越少，工作效率较高，上市公司管理者接受的监督控制较强，其更自律遵循会计准则可比性进行核算的可能性也越大，从而会计信息可比性越强。其次，从董事会结构来看，独立董事制度作为一个有效率的制度安排，在公司治理中发挥着重要的监督作用。独立董事基于声誉机制和独立的外部身份，能较公正、有效地监控执行董事和管理层行为（Fama and Jensen，1983），还能凭借自身专业知识和客观判断促进决策科学化，协助经营活动推进，即使是"花瓶董事"和"人情董事"，至少在监督会计信息生产方面，独立董事制度也是一个有效率的制度安排（薛祖云和黄彤，2004），在公司治理中发挥着重要的控制监督作用，有研究表明，非舞弊公司董事会中外部董事比例显著高于进行过财务报表舞弊的公司（Beasley，1996），独立董事数量越多，会计信息质量越好（杜兴强和温日光，2007）。故董事会中独立董事的比例越高，外部独立董事监控执行董事和管理层行为更有效，更能促进董事会的决策科学化，使上市公司管理者接受的监督较强，公司遵循会计准则可比性进行核算的可能性也越大，从而会计信息可比性越强；反之，独立董事成员数量越少，监控执行董事和管理层行为的有效性越弱，上市公司管理者自觉遵循会计准则可比性进行核算的可能性也越小，从而会计信息可比性越弱。再次，公司治理层会议频率往往反映董事会和监事会的履职情况和活跃程度，对公司治理水平提升有重要意义。在会计信息质量存在问题或财务状况恶化的上市公司，其董事会、监事会往往会被动地组织召开多次会议，以便调查情况和商量对策，在业绩下滑后，上市公司董事会的活动通常都会增加（谷祺和于东智，2001），因此，我国较高的董事会、股东大会会议频率可能被解读为公司会计信息质量较差，

我国的董事会、股东大会会议更多地被认为是公司财务存在问题时的
"灭火器"，而并非"防火墙"，故公司的股东大会召开得越多，董事会
会议召开得越多，会计信息质量越差（杜兴强和温日光，2007）；但监
事会作为控制监督职能的履行方式，公司的监事会会议召开越多，说明
其履职越尽职尽责越勤勉，这使得公司管理者进行盈余管理的机会减少，
对会计政策和会计估计的选择减少，会更合规地遵循会计准则可比性要
求来核算经济业务，从而促使上市公司会计信息可比性提升。最后，上
市公司的董事长与总经理两职分离，使得董事长能对总经理的经营行为
进行监督。如果公司董事长与总经理为两职合一，或公司未设立审计委
员会，或内部董事占全体董事的比例越高，那么该公司越可能因违反
GAAP 而受到美国证券交易委员会的处罚（Dechow et al.，1996），故董
事长与总经理两职分离，能强化对经营者的监督，使得公司管理者进行
盈余管理的机会减少，管理者转而对公司的经营活动核算更遵循可比性
要求的规定，客观地体现业务特征，对相似业务和不同业务体现相似性
和差异性，从而增强会计信息的可比性。

　　第二，从股权结构来看，股权的过度集中将使控股股东和外部小股东
的利益冲突加剧，出现利益侵占效应，当外部控制缺失时，控股股东可能
牺牲其他股东的利益来实现自身利益；而股权在适度范围内的集中能使控
股股东和中小股东的利益实现趋同，产生利益趋同效应，提升公司治理效
率，从而经营者通过盈余管理"粉饰"会计信息的可能性变小，生成高可
比会计信息的可能性就较大。当管理人员入股或机构所占股权增加时，经
理操纵盈利数字的可能性降低（Warfield，1995），股权集中度与财务报告
质量负相关（La Porta et al.，1997）；用前十大股东持股比例平方和
（H10）测度的股权集中度与发生财务报告舞弊的可能性负相关（刘立国
和杜莹2003）；国家控股的上市公司比非国家控股的上市公司会计信息质
量高，股权集中度越高，会计信息质量越好（杜兴强和温日光，2007）。
作为新兴资本市场，我国上市公司的内部人控制和大股东控制现象严重，
相当部分上市公司由国企改制而成，"一股独大"在国家控股企业中广泛
存在，此种情况下，经营者虽然可能存在以凌驾于委托方利益之上追求个

人私利的想法，但"国字号"性质的上市公司除了盈利目标外，还承担着树立公众形象等诸多社会责任，加之委托人具有政府权威而控制监督能力较强，故往往上市公司进行盈余管理的动机减弱，进行盈余管理的可能性也就较小，对会计政策和会计估计的选择减少，会更勤勉地遵循会计准则来核算经济业务，对相似业务生成相似的会计数据，不同经济业务生成反映其差异特征的数据，从而其会计信息可比性就较高。

第三，从内部控制质量来看，内部控制的重要目标就是要保证企业财务报告及相关信息完整可靠，合规真实。内部控制作为一种重要的公司治理机制，有利于缓解代理冲突，抑制管理层和员工的机会主义行为，降低代理成本，保护相关各方利益。我国 2008 年颁布的《企业内部控制基本规范》指出："内部控制的目标是合理保证企业经营管理合法合规、资产安全、财务报告及相关信息真实完整，提高经营效率和效果，促进企业实现发展战略"。现有经验研究也表明，一些内部治理机制如健全有效的内部控制能约束或激励经理人的行为，成为保证会计信息真实的基础（宋常，2000），内部控制质量与会计信息质量正相关，良好的内部控制可以降低错报和漏报发生的可能性，提高公司的盈余质量（池国华等，2014；刘启亮等，2013；方红星，2011），还可以降低经理人的盈余管理和财务报告舞弊行为，避免企业财务人员因胜任能力不足引起的无意错报问题（Doyle et al.，2007），存在内部控制缺陷的公司具有较低的应计质量，但从动态来看，改进后其应计质量得到提升，内部控制越好，上市公司的会计信息质量就越高（刘启亮等，2013）。董望和陈汉文（2011）的研究证实了内部控制的财务报告目标及内部控制制度在我国的适用性，发现对于信息"生产"而言，高质量的内部控制提高了应计质量；对于投资者反应而言，内部控制质量与盈余反应系数显著正相关。这表明，高质量的内部控制可以有效地抑制内部人的机会主义行为，降低其操纵盈余和披露虚假会计信息的可能性，有助于企业按会计准则的要求真实客观地反映经济业务并生产出对应的会计数据，提高所披露会计信息的可比性。这表明高质量的内部控制可以有效地抑制内部人的机会主义行为，降低其操纵盈余和披露虚假会计信息的可能性，有助于企业按会计准则的要求真实客观地反映经济业务并生产出对应的会计数据，提高会计信息的可比性。

综上所述，在董事会规模较小、独立董事比例较高、董事会会议次数较少、监事会会议次数较多、股东大会会议次数较少、董事长与总经理为两职分离、股权集中度较高、内部控制质量较高时，上市公司具有较强公司治理，更能促进会计信息可比性的提升。故上市公司的强内部治理也可以实现沪港通交易机制对会计信息可比性提升的作用，而前已述及沪港通交易机制通过发挥内外部治理效应提升了标的公司会计信息可比性，因此，强内部治理对沪港通交易机制提升公司会计信息可比性的作用具有替代效应。如果内部治理机制的存在已经约束了控股股东和经理人的自利行为，那么，本章预期沪港通交易机制发挥的治理效应可能因空间被压缩而不会太明显。即强内部治理也可以实现沪港通交易机制对会计信息可比性提升的作用，也就是说，沪港通交易机制提升会计信息可比性的治理效应受公司已有内部治理水平的影响，内部治理水平较高的公司，沪港通交易机制的治理效果不会太明显；而内部治理水平较低的公司，沪港通交易机制的治理效应则更明显。这可能是因为内部治理水平较高的公司，通过强内部治理已经一定程度约束了控股股东和经理人的自利行为，使得管理者进行盈余管理的可能性变小；加之公司治理结构越完善，法人治理结构越健全（Doyle et al.，2007），成员构成越合理（Yan，2007；Hoitash，2009）、独立董事比例较高、股权结构越合理（吴益兵，2009；张颖和郑洪涛，2010；朱海珅，2010），内部控制越有效，故公司可能已经设计切实可行的内部控制制度、优化控制环境、加强风险管理、调整控制流程、畅通信息沟通和改进监督考核等，已经形成一套由董事会、监事会、管理层和员工共同实施、相互协调的有效监督体系，呈现出公司治理的良性循环，已经在影响着公司的会计信息质量，公司经营者已经在勤勉地遵循会计准则对会计信息生成的可比性要求，这使得在这样较为完善的内部环境基础上引入沪港通交易机制，对会计信息治理的边际作用较小；相反，那些内部治理水平较低的公司，往往本身公司治理不够完善，内部控制存在的缺陷较多，内部治理可提升的空间较大，此时，引入沪港通交易机制试点对公司治理的边际贡献较高。因此，当上市公司为弱内部治理时，如董事会规模较大、独立董事比例较低、董事会会议次数较多、监事会会议次数较少、股东大会会议次数较多、董事长与总经理为两职合一、股权集中度较低、内部控制质量较低时，沪港通交易机制的实施对促进上市公司会计信息可比性的提升效果将会更明显。基于此，提出本章的研究假设 5－1：

H5－1：在董事会规模较大、独立董事比例较低、董事会会议次数较多、监事会会议次数较少、股东大会会议次数较多、董事长与总经理为两职合一、股权集中度较低、内部控制质量较低的公司，沪港通交易机制的实施对上市公司会计信息可比性的提升更显著。

第三节　研究设计

一、样本选择与数据来源

本章以 2010～2017 年为样本期间，采用在模型中加入公司固定效应的双重差分方法，检验上市公司内部治理对沪港通交易机制与会计信息可比性之间关系的影响。以进入沪港通名单的标的公司作为处理组，以沪市未进入该名单的公司以及深市部分公司作为控制组。对初始样本做了如下处理：（1）剔除金融保险业及 ST、*ST 样本；（2）剔除没有配对公司的样本；（3）剔除财务数据存在缺失值的样本；（4）对所有连续变量在 1% 和99% 分位点进行缩尾处理。经筛选，最终得到 7683 个样本。本章的内部控制质量（Ic）来自迪博内部控制与风险管理数据库，其他数据主要来自国泰安数据库（CSMAR）和万得数据库（Wind）。

二、模型设计与变量定义

本章借鉴德－弗兰科等（2011）、罗栋心等（2018）的研究思路，采用在模型中加入公司固定效应的方法，从上市公司董事会特征、股权结构及内部控制质量三个维度，依次构建以下双重差分（DID）模型，分别检验董事会规模、董事会结构、公司治理层的董事会、监事会与股东大会会议频次、董事长与总经理两职分离、股权集中度、内部控制质量等内部治理机制对沪港通交易制度实施与上市公司会计信息可比性之间关系的影响。

$$Compacct_{i,t}/Compind_{i,t} = \beta_0 + \beta_1 HKC_{i,t} + \beta_2 Dsize_{i,t} + \beta_3 Size_{i,t} + \beta_4 Roa_{i,t}$$
$$+ \beta_5 Debt_{i,t} + \beta_6 Liqui_{i,t} + \beta_7 Ndts_{i,t} + \beta_8 Eps_{i,t}$$
$$+ \beta_9 Ggstk_{i,t} + \beta_{10} Zh_{i,t} + \beta_{11} Invt_{i,t} + \sum Firm$$
$$+ \sum Year + \sum Ind + \varepsilon_{i,t} \qquad (5-1)$$

$$Compacct_{i,t}/Compind_{i,t} = \beta_0 + \beta_1 HKC_{i,t} + \beta_2 DDprop_{i,t} + \beta_3 Size_{i,t} + \beta_4 Roa_{i,t}$$
$$+ \beta_5 Debt_{i,t} + \beta_6 Liqui_{i,t} + \beta_7 Ndts_{i,t} + \beta_8 Eps_{i,t}$$
$$+ \beta_9 Ggstk_{i,t} + \beta_{10} Zh_{i,t} + \beta_{11} Invt_{i,t} + \sum Firm$$
$$+ \sum Year + \sum Ind + \varepsilon_{i,t} \qquad (5-2)$$

$$Compacct_{i,t}/Compind_{i,t} = \beta_0 + \beta_1 HKC_{i,t} + \beta_2 DSMeet_{i,t} + \beta_3 Size_{i,t} + \beta_4 Roa_{i,t}$$
$$+ \beta_5 Debt_{i,t} + \beta_6 Liqui_{i,t} + \beta_7 Ndts_{i,t} + \beta_8 Eps_{i,t}$$
$$+ \beta_9 Ggstk_{i,t} + \beta_{10} Zh_{i,t} + \beta_{11} Invt_{i,t} + \sum Firm$$
$$+ \sum Year + \sum Ind + \varepsilon_{i,t} \qquad (5-3)$$

$$Compacct_{i,t}/Compind_{i,t} = \beta_0 + \beta_1 HKC_{i,t} + \beta_2 JSMeet_{i,t} + \beta_3 Size_{i,t} + \beta_4 Roa_{i,t}$$
$$+ \beta_5 Debt_{i,t} + \beta_6 Liqui_{i,t} + \beta_7 Ndts_{i,t} + \beta_8 Eps_{i,t}$$
$$+ \beta_9 Ggstk_{i,t} + \beta_{10} Zh_{i,t} + \beta_{11} Invt_{i,t} + \sum Firm$$
$$+ \sum Year + \sum Ind + \varepsilon_{i,t} \qquad (5-4)$$

$$Compacct_{i,t}/Compind_{i,t} = \beta_0 + \beta_1 HKC_{i,t} + \beta_2 GDMeet_{i,t} + \beta_3 Size_{i,t} + \beta_4 Roa_{i,t}$$
$$+ \beta_5 Debt_{i,t} + \beta_6 Liqui_{i,t} + \beta_7 Ndts_{i,t} + \beta_8 Eps_{i,t}$$
$$+ \beta_9 Ggstk_{i,t} + \beta_{10} Zh_{i,t} + \beta_{11} Invt_{i,t} + \sum Firm$$
$$+ \sum Year + \sum Ind + \varepsilon_{i,t} \qquad (5-5)$$

$$Compacct_{i,t}/Compind_{i,t} = \beta_0 + \beta_1 HKC_{i,t} + \beta_2 Duality_{i,t} + \beta_3 Size_{i,t} + \beta_4 Roa_{i,t}$$
$$+ \beta_5 Debt_{i,t} + \beta_6 Liqui_{i,t} + \beta_7 Ndts_{i,t} + \beta_8 Eps_{i,t}$$
$$+ \beta_9 Ggstk_{i,t} + \beta_{10} Zh_{i,t} + \beta_{11} Invt_{i,t} + \sum Firm$$

$$+ \sum Year + \sum Ind + \varepsilon_{i,t} \qquad (5-6)$$

$$
\begin{aligned}
Compacct_{i,t}/Compind_{i,t} =\ & \beta_0 + \beta_1 HKC_{i,t} + \beta_2 Top1_{i,t} + \beta_3 Size_{i,t} + \beta_4 Roa_{i,t} \\
& + \beta_5 Debt_{i,t} + \beta_6 Liqui_{i,t} + \beta_7 Ndts_{i,t} + \beta_8 Eps_{i,t} \\
& + \beta_9 Ggstk_{i,t} + \beta_{10} Zh_{i,t} + \beta_{11} Invt_{i,t} + \sum Firm \\
& + \sum Year + \sum Ind + \varepsilon_{i,t} \qquad (5-7)
\end{aligned}
$$

$$
\begin{aligned}
Compacct_{i,t}/Compind_{i,t} =\ & \beta_0 + \beta_1 HKC_{i,t} + \beta_2 IC_{i,t} + \beta_3 Size_{i,t} + \beta_4 Roa_{i,t} \\
& + \beta_5 Debt_{i,t} + \beta_6 Liqui_{i,t} + \beta_7 Ndts_{i,t} + \beta_8 Eps_{i,t} \\
& + \beta_9 Ggstk_{i,t} + \beta_{10} Zh_{i,t} + \beta_{11} Invt_{i,t} + \sum Firm \\
& + \sum Year + \sum Ind + \varepsilon_{i,t} \qquad (5-8)
\end{aligned}
$$

（一）被解释变量

模型中的被解释变量（$Compacct/Compind$）为会计信息可比性，本章借鉴德-弗兰科等（2011）构建的回归模型进行测度，具体方法同本书第四章。

（二）解释变量

（1）沪港通标的公司 $HKC_{i,t}$，当公司 i 在 t 年为沪港通标的公司时取值为 1，否则取 0。

（2）董事会规模 $Dsize$，上市公司董事会的总人数。

（3）董事会结构 $DDprop$，董事会中独立董事人数占董事会总人数的比例。

（4）董事会会议次数 $DSMeet$，公司当年召开董事会的次数。

（5）监事会会议次数 $JSMeet$，公司当年召开监事会的次数。

（6）股东大会会议次数 $GDMeet$，公司当年召开股东大会的次数。

（7）董事长与总经理是否两职合一 $Duality$，若公司董事长与总经理两职合一取值为 1，否则取 0。

（8）股权集中度 $Holder1$，公司第一大股东的持股比例。

（9）内部控制质量 Ic，数据来自迪博内部控制与风险管理数据库，将指数取对数来衡量企业的内部控制质量，以缓解异常值和非正态性对估计结果的影响。

（三）控制变量

参考弗朗西斯等、谢盛纹和刘杨晖的研究思路，本章控制了以下变量：公司规模（*Size*）、总资产收益率（*Roa*）、资产负债率（*Debt*）、现金替代物（*Liqui*）、非债务税盾（*Ndts*）、每股收益（*Eps*）、高管持股比例（*Ggstk*）、股权制衡度（*Zh*）、投资支出率（*Invt*），除此之外，在模型中加入公司固定效应虚拟变量来控制不随时间变化的公司特质因素对因变量的影响（*Firm*），同时控制行业（*Ind*）与年份（*Year*）固定效应。

模型中主要变量及其具体定义见表 5 - 1。

表 5 - 1　　　　　　　　　　　　　主要变量定义

变量符号	变量定义
Compacct	会计信息可比性的平均值，借鉴德 - 弗兰科等（2011）的回归模型计算所得
Compind	会计信息可比性的中位数，借鉴德 - 弗兰科等（2011）的回归模型计算所得
HKC	若公司 *i* 在 *t* 年为沪港通交易机制试点标的公司，取值为1，否则为0
Dsize	董事会总人数
DDprop	独立董事人数/董事会总人数
DSMeet	董事会会议次数
JSMeet	监事会会议次数
GDMeet	股东大会会议次数
Duality	董事长与总经理两职合一取值为1，否则为0
*Holder*1	第一大股东持股比例
Ic	内部控制指数的自然对数
Size	总资产的自然对数
Roa	净利润/总资产
Debt	资产负债率
Liqui	现金替代物，现金替代物 =（营运资本 - 货币资金）/总资产
Ndts	非债务税盾，非债务税盾 = 固定资产折旧/总资产
Eps	每股收益

变量符号	变量定义
Ggstk	高管持股比例
Zh	股权制衡度，股权制衡度＝第一大股东持股比例/第二大股东持股比例
Invt	投资支出率，公司该年购建固定资产、无形资产和其他长期资产支付的现金/年末总资产
Firm	公司虚拟变量
Year	年度虚拟变量
Ind	行业虚拟变量

第四节 实证分析

一、描述性统计及相关性分析

表 5 - 2 为描述性统计结果。其中，被解释变量会计信息可比性 $Compacct$ 的均值为 - 0.017，中位数为 - 0.015；$Compind$ 的均值为 - 0.015，中位数为 - 0.013，描述性统计结果与江轩宇（2015）、谢盛纹和刘杨晖（2016）的统计结果接近，与本书第四章研究结论相同。沪港通虚拟变量 HKC 的均值为 0.065，说明当年被列入沪港通标的股票的比例约为 6.5%，沪港通交易机制试点规模还较小。董事会规模 $Dsize$ 的均值为 8.740，最小值为 5，最大值为 15。董事会结构 $DDprop$ 的均值为 0.373，最小值为 0.1675，最大值为 0.800，说明上市公司董事会规模符合我国《公司法》规定的法定人数 5 ~ 19 人，董事会结构中独立董事比例均值达到 37.3%，符合《关于在上市公司建立独立董事制度的指导意见》规定的董事会成员中应当有 1/3 以上的独立董事，但无论是从董事会规模还是董事会结构来看，其因公司实际情况产生的差异较大。董事会会议次数 $DSMeet$ 的均值为 9.662，最小值为 4，最大值为 24。监事会会议次数 $JSMeet$ 的均值为 5.673，最小值为 2，最大值为 13。股东大会会议次数 $GDMeet$ 的均值为

3.251，最小值为1，最大值为9，说明上市公司的公司治理层会议频率因治理层履职、公司事务突发和复杂等其他原因而呈现明显差异；董事长与总经理的二职分离 *Duality* 的均值为0.264，最小值为0，最大值为1，说明我国上市公司董事长与总经理的两职合一占26.4%的比重，仍有较大提升的空间。第一大股东持股比例 *Holder*1 的均值为0.351，最小值为0.003，最大值为0.900，第一大股东最大持股比例高达90%，说明我国上市公司股权集中度较高，第一大股东平均持股比例高达35%，"一股独大"较为普遍。内部控制质量 *Ic* 的均值为6.492，中位数为6.514，最小值为5.877，最大值为6.779，其他控制变量的描述性统计结果都较为合理，与近年来相关文献较为相似。

表 5 - 2 描述性统计

变量	数量	均值	标准差	最小值	最大值	p25	p50	p75
Compacct	7683	- 0.017	0.008	- 0.044	- 0.005	- 0.020	- 0.015	- 0.011
Compind	7683	- 0.015	0.008	- 0.045	- 0.004	- 0.018	- 0.013	- 0.009
HKC	7683	0.065	0.247	0.000	1.000	0.000	0.000	0.000
Dsize	7683	8.740	1.798	5	15	7	9	9
DDprop	7683	0.373	0.0540	0.1675	0.800	0.333	0.333	0.429
DSMeet	7683	9.662	3.824	4	24	7	9	12
JSMeet	7683	5.673	2.106	2	13	4	5	7
GDMeet	7683	3.251	1.675	1	9	2	3	4
Duality	7683	0.264	0.441	0	1	0	0	1
*Holder*1	7683	0.351	0.153	0.003	0.900	0.231	0.331	0.453
Ic	7683	6.492	0.125	5.877	6.779	6.443	6.514	6.561
Size	7683	22.04	1.426	19.11	26.95	21.04	21.84	22.80
Roa	7683	0.040	0.055	- 0.186	0.201	0.014	0.037	0.067
Debt	7683	0.437	0.226	0.046	0.978	0.254	0.425	0.607
Liqui	7683	0.037	0.212	- 0.569	0.535	- 0.096	0.046	0.178

续表

变量	数量	均值	标准差	最小值	最大值	p25	p50	p75
Ndts	7683	0.020	0.015	0	0.070	0.008	0.016	0.028
Eps	7683	0.384	0.468	−0.880	2.220	0.100	0.290	0.575
Ggstk	7683	0.142	0.210	0	0.698	0	0.003	0.274
Zh	7683	10.04	17.38	1	112.9	1.769	3.703	9.665
Invt	7683	0.052	0.049	0	0.241	0.016	0.037	0.073

主要变量的相关性系数见表 5 - 3，其中，被解释变量 *Compacct* 与解释变量 *HKC*、调节变量 *Dsize*、*DSMeet*、*GDMeet*、*Duality*、*Holder*1 的相关系数以及 *HKC* 与 *Dsize*、*DSMeet*、*JSMeet*、*GDMeet*、*Duality*、*Holder*1 和 *IC* 均在至少 5% 的水平上显著，初步证明了内部治理变量与沪港通交易机制以及会计信息可比性之间的显著相关性。后面将控制其他变量，通过多元线性回归分析来进一步解释内部治理对沪港通交易机制与上市公司会计信息可比性之间的关系。

二、多元回归分析

为了探究公司现有的内部治理环境对港通机制与会计信息可比性之间关系的影响，本部分从上市公司董事会特征、股权结构及内部控制质量三个维度，将全样本进行分组，区分为董事会规模较大组与较小组[①]，独立董事比例较高组与较低组，公司治理中的董事会、监事会与股东大会会议频次较多组与较少组，董事长与总经理两职合一组与两职分离组，股权集中度较高组与较低组，内部控制质量较高组与较低组，分别进行回归，进一步分析公司内部治理对沪港通交易机制实施与会计信息可比性的具体影响，回归结果如表 5 -4 至表 5 -11 所示。

---

① 分别先计算同年度同行业所有企业的董事会规模的中位数，当企业的董事会规模大于中位数，定义企业董事会规模为大；反之，则定义企业董事会规模为小。其后的独立董事比例、董事会、监事会与股东大会会议次数、股权集中度以及内部控制质量等变量的定义方法与董事会规模变量相同。

表 5 - 3　　主要变量的 Pearson 相关系数

变量	HKC	Compacct	Dsize	DDprop	DSMeet	JSMeet	GDMeet	Duality	Holder1	Ic
HKC	1									
Compacct	0.085 ***	1								
Dsize	0.117 ***	- 0.098 ***	1							
DDprop	- 0.00600	0.00900	- 0.471 ***	1						
DSMeet	0.069 ***	- 0.068 ***	- 0.0110	0.047 ***	1					
JSMeet	0.067 ***	0.00900	- 0.039 ***	0.050 ***	0.489 ***	1				
GDMeet	- 0.016 **	- 0.044 ***	- 0.039 ***	0.027 ***	0.534 ***	0.393 ***	1			
Duality	- 0.080 ***	- 0.063 ***	- 0.187 ***	0.112 ***	- 0.014 **	0.057 ***	0.038 ***	1		
Holder1	0.090 ***	0.036 ***	0.015 **	0.042 ***	- 0.059 ***	- 0.029 **	- 0.034 ***	- 0.046 ***	1	
Ic	0.020 ***	0.002	0.090 ***	0	- 0.0100	- 0.023 *	- 0.057 ***	- 0.031 ***	0.139 ***	1

注：***、**分别表示1%、5%的显著性水平（双尾）。

表 5-4　　董事会规模对沪港通与会计信息可比性关系的影响

变量	董事会规模较大（Dsize = 1）		董事会规模较小（Dsize = 0）	
	（1）	（2）	（3）	（4）
	Compacct	Compind	Compacct	Compind
HKC	0.002 *** (3.09)	0.002 *** (3.23)	0.000 (0.23)	0.001 (0.08)
Size	-0.000 *** (-3.26)	-0.002 *** (-3.51)	-0.001 *** (-3.53)	-0.001 *** (-3.22)
Roa	0.023 *** (7.91)	0.026 *** (8.01)	0.051 *** (13.37)	0.058 *** (13.81)
Debt	-0.004 *** (-5.35)	-0.004 *** (-4.57)	-0.000 (-0.05)	-0.000 (-0.03)
Liqui	0.002 *** (3.53)	0.003 *** (4.29)	0.004 *** (4.91)	0.005 *** (5.10)
Ndts	-0.046 *** (-6.21)	-0.050 *** (-6.12)	-0.019 * (-1.79)	-0.018 (-1.52)
Eps	-0.004 *** (-11.96)	-0.004 *** (-12.14)	-0.006 *** (-12.70)	-0.007 *** (-13.36)
Ggstk	0.006 *** (7.98)	0.006 *** (7.05)	0.004 *** (4.44)	0.004 *** (4.21)
Zh	0.001 *** (3.70)	0.003 *** (3.97)	0.002 *** (2.69)	0.000 *** (2.79)
Invt	0.012 *** (5.69)	0.015 *** (6.59)	0.019 *** (6.31)	0.021 *** (6.47)
Constant	-0.002 (-1.23)	-0.001 (-0.49)	-0.002 (-0.56)	-0.002 (-0.48)
Firm	控制	控制	控制	控制
Year	控制	控制	控制	控制
Ind	控制	控制	控制	控制
N	5504	5504	2179	2179
R-squared	0.345	0.288	0.402	0.360
F	46.19	35.51	24.15	20.16

注：括号内为 t 值；*** 、* 分别表示 1%、10% 的显著性水平（双尾）。

表 5 - 5　　　　　董事会结构对沪港通与会计信息可比性关系的影响

变量	独董比例较高（*DDprop* = 1）		独董比例较低（*DDprop* = 0）	
	（1）	（2）	（3）	（4）
	Compacct	*Compind*	*Compacct*	*Compind*
HKC	0.001 (0.15)	0.000 (0.31)	0.001 ** (2.16)	0.014 *** (3.08)
Size	− 0.001 *** (− 3.93)	− 0.002 ** (− 3.78)	− 0.000 ** (− 2.16)	− 0.000 ** (− 2.39)
Roa	0.036 *** (14.02)	0.041 *** (14.33)	0.019 *** (3.28)	0.021 *** (3.36)
Debt	− 0.002 *** (− 2.79)	− 0.002 ** (− 2.24)	− 0.004 *** (− 3.37)	− 0.004 *** (− 2.97)
Liqui	0.003 *** (5.45)	0.004 *** (5.96)	0.002 (1.47)	0.003 ** (2.16)
Ndts	− 0.034 *** (− 5.09)	− 0.037 *** (− 4.88)	− 0.056 *** (− 3.73)	− 0.057 *** (− 3.51)
Eps	− 0.005 *** (− 17.53)	− 0.006 *** (− 17.95)	− 0.002 *** (− 3.32)	− 0.002 *** (− 3.55)
Ggstk	0.005 *** (8.25)	0.005 *** (7.57)	0.005 *** (3.79)	0.005 *** (3.18)
Zh	0.002 *** (3.77)	0.002 *** (3.97)	0.001 (1.53)	0.012 * (1.78)
Invt	0.015 *** (8.04)	0.018 *** (8.87)	0.012 *** (2.68)	0.014 *** (2.97)
Constant	− 0.004 * (− 1.89)	− 0.003 (− 1.34)	0.001 (0.32)	0.003 (0.85)
Firm	控制	控制	控制	控制
Year	控制	控制	控制	控制
Ind	控制	控制	控制	控制
N	6240	6240	1443	1443
R-squared	0.336	0.287	0.442	0.380
F	51.31	40.72	18.23	14.09

注：括号内为 *t* 值；*** 、** 、* 分别表示 1%、5%、10% 的显著性水平（双尾）。

表5-6　董事会会议次数对沪港通与会计信息可比性关系的影响

变量	董事会会议次数较多（DSMeet=1）		董事会会议次数较少（DSMeet=0）	
	（1）	（2）	（3）	（4）
	Compacct	Compind	Compacct	Compind
HKC	0.002 *** (3.67)	0.002 *** (3.75)	0.001 (1.52)	0.001 (1.48)
Size	-0.001 *** (-4.24)	-0.001 *** (-4.33)	-0.000 *** (-3.57)	-0.002 *** (-3.59)
Roa	0.032 *** (9.47)	0.035 *** (9.40)	0.033 *** (10.05)	0.039 *** (10.64)
Debt	-0.002 *** (-2.88)	-0.002 ** (-2.29)	-0.002 *** (-2.82)	-0.002 ** (-2.32)
Liqui	0.003 *** (3.37)	0.003 *** (3.92)	0.003 *** (3.90)	0.003 *** (4.48)
Ndts	-0.039 *** (-4.41)	-0.042 *** (-4.28)	-0.041 *** (-4.82)	-0.044 *** (-4.67)
Eps	-0.004 *** (-11.12)	-0.004 *** (-10.95)	-0.005 *** (-13.39)	-0.006 *** (-14.21)
Ggstk	0.007 *** (8.22)	0.007 *** (7.89)	0.004 *** (5.44)	0.004 *** (4.42)
Zh	0.003 * (1.82)	0.003 ** (2.02)	0.002 *** (4.09)	0.002 *** (4.23)
Invt	0.015 *** (6.62)	0.018 *** (7.18)	0.012 *** (4.65)	0.016 *** (5.34)
Constant	0.000 (0.02)	0.001 (0.53)	-0.002 (-0.81)	-0.001 (-0.34)
Firm	控制	控制	控制	控制
Year	控制	控制	控制	控制
Ind	控制	控制	控制	控制
N	4070	4070	3613	3613
R-squared	0.346	0.294	0.376	0.321
F	33.63	26.46	33.91	26.58

注：括号内为 t 值；*** 、** 、* 分别表示1%、5%、10%的显著性水平（双尾）。

表 5 - 7 　　　　监事会会议次数对沪港通与会计信息可比性关系的影响

变量	监事会会议次数较多（JSMeet = 1）		监事会会议次数较少（JSMeet = 0）	
	(1)	(2)	(3)	(4)
	Compacct	Compind	Compacct	Compind
HKC	0.002 * (1.92)	0.002 * (1.80)	0.001 *** (3.33)	0.002 *** (3.77)
Size	-0.001 *** (-6.02)	-0.001 *** (-5.91)	-0.000 (-0.31)	-0.000 (-0.77)
Roa	0.035 *** (13.61)	0.040 *** (13.98)	0.022 *** (3.87)	0.023 *** (3.65)
Debt	-0.002 ** (-2.46)	-0.001 * (-1.79)	-0.005 *** (-3.60)	-0.005 *** (-3.40)
Liqui	0.003 *** (5.21)	0.004 *** (6.09)	0.002 (1.25)	0.002 (1.25)
Ndts	-0.034 *** (-5.04)	-0.036 *** (-4.87)	-0.066 *** (-4.29)	-0.072 *** (-4.21)
Eps	-0.005 *** (-16.38)	-0.005 *** (-16.99)	-0.004 *** (-5.64)	-0.004 *** (-5.29)
Ggstk	0.006 *** (9.60)	0.006 *** (8.77)	0.003 * (1.74)	0.003 (1.52)
Zh	0.019 *** (3.52)	0.019 *** (3.58)	0.002 * (1.78)	0.002 ** (2.43)
Invt	0.014 *** (7.36)	0.017 *** (8.19)	0.014 *** (3.23)	0.017 *** (3.59)
Constant	0.000 (0.10)	0.001 (0.53)	-0.006 (-1.49)	-0.003 (-0.65)
Firm	控制	控制	控制	控制
Year	控制	控制	控制	控制
Ind	控制	控制	控制	控制
N	6536	6536	1147	1147
R-squared	0.368	0.313	0.325	0.273
F	59.86	46.75	8.732	6.782

注：括号内为 t 值；*** 、** 、* 分别表示 1%、5%、10% 的显著性水平（双尾）。

表 5 - 8　　　　股东大会会议次数对沪港通与会计信息可比性关系的影响

变量	股东大会会议次数较多（GDMeet = 1）		股东大会会议次数较少（GDMeet = 0）	
	（1）	（2）	（3）	（4）
	Compacct	Compind	Compacct	Compind
HKC	0.002 *** (2.98)	0.002 *** (2.69)	0.001 ** (2.08)	0.001 * (1.70)
Size	−0.001 *** (−3.70)	−0.001 *** (−2.97)	−0.000 *** (−4.16)	−0.001 *** (−4.02)
Roa	0.031 *** (9.92)	0.035 *** (10.19)	0.036 *** (9.91)	0.040 *** (10.08)
Debt	−0.003 *** (−3.45)	−0.002 *** (−2.88)	−0.002 * (−1.87)	−0.002 * (−1.77)
Liqui	0.003 *** (4.46)	0.004 *** (5.20)	0.003 *** (3.43)	0.003 *** (3.58)
Ndts	−0.041 *** (−4.92)	−0.044 *** (−4.90)	−0.037 *** (−4.01)	−0.038 *** (−3.69)
Eps	−0.004 *** (−10.67)	−0.004 *** (−10.93)	−0.006 *** (−14.17)	−0.006 *** (−14.35)
Ggstk	0.005 *** (7.15)	0.005 *** (6.05)	0.006 *** (6.59)	0.006 *** (5.98)
Zh	0.015 *** (2.81)	0.013 *** (2.86)	0.002 *** (2.69)	0.001 *** (3.19)
Invt	0.014 *** (6.61)	0.018 *** (7.64)	0.012 *** (3.94)	0.013 *** (4.04)
Constant	−0.002 (−0.80)	−0.002 (−0.97)	−0.000 (−0.17)	0.001 (0.25)
Firm	控制	控制	控制	控制
Year	控制	控制	控制	控制
Ind	控制	控制	控制	控制
N	4549	4549	3134	3134
R-squared	0.356	0.299	0.370	0.314
F	39.28	30.88	28.58	22.31

注：括号内为 t 值；*** 、** 、* 分别表示1%、5%、10%的显著性水平（双尾）。

表 5 - 9　　董事长与总经理两职合一对沪港通与会计信息可比性关系的影响

变量	两职合一（Duality = 1）		两职分离（Duality = 0）	
	(1)	(2)	(3)	(4)
	Compacct	Compind	Compacct	Compind
HKC	0.002 *** (2.93)	0.003 *** (3.13)	0.001 (1.37)	0.002 (1.56)
Size	0.001 *** (4.58)	0.001 *** (4.77)	0.000 *** (4.89)	0.000 *** (4.91)
Roa	0.035 *** (6.89)	0.040 *** (7.14)	0.030 *** (11.22)	0.033 *** (11.36)
Debt	− 0.002 * (− 1.86)	− 0.002 (− 1.48)	− 0.002 *** (− 3.39)	− 0.002 *** (− 2.91)
Liqui	0.002 (1.41)	0.002 * (1.71)	0.003 *** (4.55)	0.003 *** (5.22)
Ndts	− 0.019 (− 1.24)	− 0.024 (− 1.43)	− 0.043 *** (− 6.30)	− 0.044 *** (− 5.94)
Eps	− 0.004 *** (− 6.77)	− 0.005 *** (− 7.02)	− 0.004 *** (− 14.91)	− 0.005 *** (− 15.27)
Ggstk	0.003 *** (3.40)	0.003 *** (2.97)	0.007 *** (9.50)	0.007 *** (8.71)
Zh	0.024 *** (3.50)	0.024 *** (3.16)	0.003 *** (2.97)	0.002 *** (3.41)
Invt	0.014 *** (4.09)	0.018 *** (4.75)	0.013 *** (6.59)	0.016 *** (7.21)
Constant	0.011 ** (2.57)	0.014 *** (3.01)	(− 3.84) − 0.002	(− 2.35) − 0.001
Firm	控制	控制	控制	控制
Year	控制	控制	控制	控制
Ind	控制	控制	控制	控制
N	1526	1526	6157	6157
R-squared	0.454	0.398	0.335	0.282
F	20.43	16.28	48.74	37.96

注：括号内为 t 值；*** 、** 、* 分别表示 1%、5%、10% 的显著性水平（双尾）。

表 5 – 10　　股权集中度对沪港通与会计信息可比性关系的影响

变量	第一大股东持股比例较高 (Holder1 = 1)		第一大股东持股比例较低 (Holder1 = 0)	
	(1)	(2)	(3)	(4)
	Compacct	Compind	Compacct	Compind
HKC	0.000 (0.85)	0.001 (1.08)	0.002 *** (3.28)	0.002 *** (3.66)
Size	− 0.001 *** (− 7.08)	− 0.001 *** (− 7.18)	− 0.000 (− 1.34)	− 0.000 (− 1.33)
Roa	0.029 *** (8.33)	0.032 *** (8.30)	0.033 *** (10.58)	0.038 *** (11.03)
Debt	− 0.001 (− 1.31)	− 0.001 (− 0.92)	− 0.003 *** (− 3.94)	− 0.003 *** (− 3.36)
Liqui	0.003 *** (3.96)	0.004 *** (4.53)	0.002 *** (3.39)	0.003 *** (3.82)
Ndts	− 0.036 *** (− 4.10)	− 0.040 *** (− 4.18)	− 0.042 *** (− 4.73)	− 0.044 *** (− 4.53)
Eps	− 0.004 *** (− 11.50)	− 0.005 *** (− 11.60)	− 0.005 *** (− 12.39)	− 0.005 *** (− 12.96)
Ggstk	0.005 *** (6.20)	0.005 *** (5.43)	0.007 *** (8.31)	0.008 *** (8.00)
Zh	0.001 * (1.79)	0.002 * (1.85)	0.000 (0.98)	0.001 * (1.65)
Invt	0.014 *** (5.39)	0.017 *** (6.17)	0.014 *** (5.95)	0.017 *** (6.53)
Constant	0.007 *** (2.81)	0.009 *** (3.31)	− 0.006 *** (− 2.71)	− 0.006 ** (− 2.23)
Firm	控制	控制	控制	控制
Year	控制	控制	控制	控制
Ind	控制	控制	控制	控制
N	3823	3823	3860	3860
R-squared	0.371	0.320	0.363	0.311
F	35.16	28.07	34.87	27.67

注：括号内为 t 值；***、**、* 分别表示1%、5%、10%的显著性水平（双尾）。

表 5-11   内部控制质量对沪港通与会计信息可比性关系的影响

变量	内部控制质量较高（Ic = 1）		内部控制质量较低（Ic = 0）	
	(1)	(2)	(3)	(4)
	Compacct	Compind	Compacct	Compind
HKC	0.001 (1.43)	0.001 (1.57)	0.002 *** (3.39)	0.002 *** (3.59)
Size	−0.001 *** (−6.04)	−0.001 *** (−6.02)	−0.000 (−0.02)	−0.000 (−0.56)
Roa	0.032 *** (9.61)	0.035 *** (9.81)	0.027 *** (7.45)	0.030 *** (7.59)
Debt	−0.000 (−0.45)	0.000 (0.18)	−0.005 *** (−6.04)	−0.005 *** (−5.52)
Liqui	0.003 *** (3.84)	0.004 *** (4.61)	0.002 *** (3.55)	0.003 *** (3.91)
Ndts	−0.047 *** (−5.20)	−0.049 *** (−4.92)	−0.034 *** (−4.18)	−0.037 *** (−4.18)
Eps	−0.005 *** (−14.79)	−0.006 *** (−15.08)	−0.002 *** (−4.81)	−0.003 *** (−5.03)
Ggstk	0.006 *** (6.84)	0.006 *** (6.37)	0.005 *** (6.64)	0.005 *** (5.74)
Zh	0.002 *** (2.83)	0.003 *** (3.25)	0.001 ** (2.55)	0.001 *** (2.64)
Invt	0.016 *** (6.58)	0.020 *** (7.25)	0.011 *** (4.50)	0.013 *** (5.04)
Constant	0.004 * (1.80)	0.006 ** (2.31)	−0.010 *** (−4.12)	−0.009 *** (−3.31)
Firm	控制	控制	控制	控制
Year	控制	控制	控制	控制
Ind	控制	控制	控制	控制
N	4113	4113	3570	3570
R-squared	0.365	0.317	0.369	0.314
F	37.62	30.26	32.52	25.46

注：括号内为 t 值；*** 、** 、* 分别表示 1%、5%、10% 的显著性水平（双尾）。

根据表 5 – 4 第（3）、（4）列董事会规模较小组、表 5 – 5 第（1）、（2）列独立董事比例较高组、表 5 – 6 第（3）、（4）列董事会会议次数较少组、表 5 – 9 第（3）、（4）列董事长与总经理为两职分离组、表 5 – 10 第（1）、（2）列股权集中度较高组以及表 5 – 11 第（1）、（2）列内部控制质量较高组，HKC 的回归系数均不显著；表 5 – 7 第（1）、（2）列监事会会议次数较多组、表 5 – 8 第（3）、（4）列股东大会会议次数较少组，HKC 的回归系数分别为 0.002、0.001，在 5% 或 10% 的水平上显著。而表 5 – 4 第（1）、（2）列董事会规模较大组、表 5 – 5 第（3）、（4）列独立董事比例较低组、表 5 – 6 第（1）、（2）列董事会会议次数较多组、表 5 – 7 第（3）、（4）列监事会会议次数较少组、表 5 – 8 第（1）、（2）列股东大会会议次数较多的组、表 5 – 9 第（1）、（2）列董事长与总经理为两职合一组、表 5 – 10 第（3）、（4）列股权集中度较低组以及表 5 – 11 第（3）、（4）列内部控制质量较低组，HKC 的回归系数均在 1% 的水平上显著。对于表 5 – 7，监事会会议次数较多组与监事会会议次数较少组，HKC 的回归系数分别在 10% 和 1% 的水平上显著，为了进一步探究两组的差别，本章采用似无相关模型 SUR 对监事会会议次数较多组与监事会会议次数较少组进行组间系数差异检验，就 HKC 对会计信息可比性 $Compacct$ 的影响而言，检验结果：chi^2（1）为 2.06，P 值为 0.1511，至于 HKC 对会计信息可比性 $Compind$ 的影响，组间系数差异检验结果类似，说明组间系数差异不显著，但分组回归结果表明两组显著性水平仍存在差异。对表 5 – 8 也做了相同的处理，得到了相似的结论。

研究结果表明在董事会规模较大、独立董事比例较低、董事会会议次数较多、监事会会议次数较少、股东大会会议次数较多、董事长与总经理为两职合一、股权集中度较低和内部控制质量较低的公司，沪港通港交易机制的实施对会计信息可比性的提升效果更显著，本章假设 H5 – 1 得到验证。可能的原因是，在董事会规模较小、独立董事比例较高、董事会会议次数较少、监事会会议次数较多、股东大会会议次数较少、董事长与总经理为两职分离、股权集中度较高、内部控制质量较高时，上市公司具有较强公司治理，此时，公司可能已经设计切实可行的内部控制制度、优化控制环境、加强风险管理、调整控制流程、畅通信息沟通和改进监督考核等，已经形成一套由董事会、监事会、管理层和员工共同实施、相互协调的有效监督体系，公司内部治理机制的存在已经约束了控股股东和经理人的自利行为，使得管理者进行盈余管理的可能性变小，故公司经营者已经在勤勉、自律地遵循会计准则对会计信息生成的可比性要求，在这样较为完善的内部环境基础上引入沪港通交易机制，这使得沪港通交易机制发挥的治理效应被压缩而对会计信息治理的边际作用不太明显；相反，那些内部治理水平较低的公司，往往本身公司治理不够完善，或内部治理存在的缺陷较多，有待提升的空间较大，此时，引入沪港通交易机制试点对公司治理的边际贡献较高，沪港通港交易机制实施对会计信息可比性的提升效果更明显。

三、稳健性检验

（一）替换会计信息可比性测度指标

本章借鉴德-弗兰科等（2011）、谢盛纹和刘杨晖（2016），用 *Comp*4 和 *Comp*10 重新测度会计信息可比性，从上市公司董事会特征、股权结构及内部控制质量三个维度，将全样本进行分组，进一步检验公司内部治理对沪港通交易机制实施与会计信息可比性关系的影响，回归结果见表 5-12 至表 5-19。其中，表 5-12 第（1）、（2）列董事会规模较大组、表 5-13 第（3）、（4）列独立董事比例较低组、表 5-14 第（1）、（2）列公司治理中的董事会会议次数较多组、表 5-15 第（3）、（4）列监事会会议次数较少组、表 5-16 第（1）、（2）列股东大会会议次数较多组、表 5-17 第（1）、（2）列董事长与总经理两职合一组、表 5-18 第（3）、（4）列股权集中度较低组以及表 5-19 第（3）、（4）列内部控制质量较低组，*HKC* 的系数均至少在5%水平上显著为正（基本在1%水平上显著为正）。从表 5-12 至表 5-19 显示结果来看，董事会规模较小、独立董事比例较高、董事会会议次数较少、监事会会议次数较多、股东大会会议次数较少、董事长与总经理为两职分离、股权集中度较高、内部控制质量较高的组，*HKC* 的系数基本不显著。这表明在董事会规模较大、独立董事比例较

低、董事会会议次数较多、监事会会议次数较少、股东大会会议次数较
多、董事长与总经理为两职合一、股权集中度较低、内部控制质量较低的
公司，沪港通交易机制的实施对促进上市公司会计信息可比性的提升更显
著，本章假设 5 - 1 得到验证。

表 5 - 12　　　　替换会计信息可比性测度指标——董事会规模调节效应

变量	董事会规模较大（Dsize = 1）		董事会规模较小（Dsize = 0）	
	（1）	（2）	（3）	（4）
	Comp4	Comp10	Comp4	Comp10
HKC	0.002 *** (4.04)	0.001 *** (2.97)	0.002 (1.58)	0.001 (0.67)
Size	- 0.001 *** (- 4.55)	- 0.002 *** (- 4.12)	- 0.001 *** (- 5.65)	- 0.001 *** (- 5.58)
Roa	0.009 *** (4.67)	0.011 *** (4.85)	0.025 *** (10.44)	0.032 *** (10.86)
Debt	- 0.001 *** (- 2.93)	- 0.002 *** (- 3.82)	0.000 (0.53)	0.000 (0.27)
Liqui	0.001 *** (2.77)	0.001 *** (3.07)	0.002 *** (3.26)	0.003 *** (4.21)
Ndts	- 0.026 *** (- 5.52)	- 0.030 *** (- 5.07)	- 0.025 *** (- 3.67)	- 0.020 ** (- 2.39)
Eps	- 0.002 *** (- 9.16)	- 0.002 *** (- 8.99)	- 0.003 *** (- 10.21)	- 0.004 *** (- 10.40)
Ggstk	0.002 *** (5.10)	0.004 *** (6.29)	0.001 (1.36)	0.002 ** (2.48)
Zh	0.002 *** (3.05)	0.005 *** (3.03)	0.006 *** (3.00)	0.004 ** (2.23)
Invt	0.007 *** (4.91)	0.009 *** (5.32)	0.012 *** (6.51)	0.016 *** (7.02)
Constant	- 0.002 (- 1.36)	- 0.004 *** (- 2.63)	0.003 (1.43)	0.002 (0.89)
Firm	控制	控制	控制	控制

续表

变量	董事会规模较大（Dsize = 1）		董事会规模较小（Dsize = 0）	
	（1）	（2）	（3）	（4）
	Comp4	Comp10	Comp4	Comp10
Year	控制	控制	控制	控制
Ind	控制	控制	控制	控制
N	5504	5504	2179	2179
R-squared	0.309	0.369	0.426	0.471
F	39.26	51.39	26.64	32.53

注：括号内为 t 值；*** 、** 分别表示 1%、5% 的显著性水平（双尾）。

表 5 – 13　　　　替换会计信息可比性测度指标——董事会结构调节效应

变量	独董比例较高（DDprop = 1）		独董比例较低（DDprop = 0）	
	（1）	（2）	（3）	（4）
	Comp4	Comp10	Comp4	Comp10
HKC	0.002 (0.15)	0.001 (0.17)	0.002 *** (4.55)	0.001 *** (3.77)
Size	− 0.013 *** (− 5.25)	− 0.001 *** (− 5.43)	− 0.000 *** (− 3.73)	− 0.000 *** (− 2.82)
Roa	0.015 *** (9.22)	0.019 *** (9.50)	0.014 *** (3.64)	0.016 *** (3.50)
Debt	− 0.001 ** (− 2.18)	− 0.001 ** (− 2.45)	− 0.000 (− 0.05)	− 0.001 (− 1.25)
Liqui	0.001 *** (3.14)	0.002 *** (4.24)	0.002 *** (2.79)	0.002 ** (2.35)
Ndts	− 0.025 *** (− 5.86)	− 0.027 *** (− 5.09)	− 0.019 ** (− 2.04)	− 0.015 (− 1.25)
Eps	− 0.002 *** (− 13.63)	− 0.003 *** (− 13.55)	− 0.001 *** (− 3.77)	− 0.002 *** (− 3.55)
Ggstk	0.002 *** (4.91)	0.003 *** (6.39)	0.001 (1.62)	0.003 ** (2.46)

续表

变量	独董比例较高（DDprop = 1）		独董比例较低（DDprop = 0）	
	（1）	（2）	（3）	（4）
	Comp4	Comp10	Comp4	Comp10
Zh	0.004 ***	0.005 ***	0.002	0.002
	（3.36）	（2.84）	（1.47）	（1.35）
Invt	0.009 ***	0.011 ***	0.007 ***	0.008 **
	（7.22）	（7.77）	（2.63）	（2.43）
Constant	-0.001	-0.003 *	0.002	-0.001
	（-0.90）	（-1.71）	（0.73）	（-0.41）
Firm	控制	控制	控制	控制
Year	控制	控制	控制	控制
Ind	控制	控制	控制	控制
N	6240	6240	1443	1443
R-squared	0.327	0.371	0.377	0.473
F	49.17	59.75	13.96	20.66

注：括号内为 t 值；*** 、** 、* 分别表示1%、5%、10%的显著性水平（双尾）。

表5-14 替换会计信息可比性测度指标——董事会会议次数调节效应

变量	董事会会议次数较多（DSMeet = 1）		董事会会议次数较少（DSMeet = 0）	
	（1）	（2）	（3）	（4）
	Comp4	Comp10	Comp4	Comp10
HKC	0.001 ***	0.002 ***	0.001	0.000
	（3.66）	（3.76）	（1.54）	（1.35）
Size	-0.001 ***	-0.001 ***	-0.002 ***	-0.001 ***
	（-3.87）	（-4.27）	（-5.54）	（-5.11）
Roa	0.014 ***	0.017 ***	0.015 ***	0.020 ***
	（6.56）	（6.30）	（7.19）	（7.68）
Debt	-0.001 **	-0.002 ***	-0.000	-0.001
	（-2.47）	（-2.60）	（-0.36）	（-1.24）

续表

变量	董事会会议次数较多（DSMeet=1）		董事会会议次数较少（DSMeet=0）	
	(1)	(2)	(3)	(4)
	Comp4	Comp10	Comp4	Comp10
Liqui	0.001** (2.48)	0.002*** (3.36)	0.001** (2.42)	0.002*** (2.92)
Ndts	-0.017*** (-3.13)	-0.020*** (-2.86)	-0.035*** (-6.40)	-0.036*** (-5.27)
Eps	-0.002*** (-8.78)	-0.002*** (-8.23)	-0.003*** (-10.81)	-0.003*** (-11.12)
Ggstk	0.003*** (5.08)	0.004*** (6.36)	0.001** (2.44)	0.002*** (3.72)
Zh	0.001** (2.45)	0.0017* (1.67)	0.004*** (3.07)	0.004*** (3.03)
Invt	0.008*** (5.61)	0.011*** (6.12)	0.008*** (4.86)	0.011*** (5.14)
Constant	-0.002 (-1.19)	-0.003 (-1.37)	0.001 (0.59)	-0.001 (-0.62)
Firm	控制	控制	控制	控制
Year	控制	控制	控制	控制
Ind	控制	控制	控制	控制
N	4070	4070	3613	3613
R-squared	0.320	0.385	0.364	0.412
F	30.46	40.47	32.21	39.43

注：括号内为 t 值；***、**、*分别表示1%、5%、10%的显著性水平（双尾）。

表5-15　　替换会计信息可比性测度指标——监事会会议次数调节效应

变量	监事会会议次数较多（JSMeet=1）		监事会会议次数较少（JSMeet=0）	
	(1)	(2)	(3)	(4)
	Comp4	Comp10	Comp4	Comp10
HKC	0.002** (2.21)	0.002* (1.93)	0.001*** (4.75)	0.001*** (4.15)

续表

变量	监事会会议次数较多（*JSMeet* = 1）		监事会会议次数较少（*JSMeet* = 0）	
	（1）	（2）	（3）	（4）
	*Comp*4	*Comp*10	*Comp*4	*Comp*10
Size	-0.001 ***	-0.001 ***	-0.002 ***	-0.000 **
	（-6.56）	（-6.84）	（-3.02）	（-2.13）
Roa	0.016 ***	0.020 ***	0.007 *	0.011 **
	（9.64）	（9.86）	（1.92）	（2.42）
Debt	-0.001	-0.001 *	-0.001	-0.002 **
	（-1.50）	（-1.94）	（-1.28）	（-2.03）
Liqui	0.001 ***	0.002 ***	0.001	0.002 *
	（3.48）	（4.28）	（1.57）	（1.88）
Ndts	-0.023 ***	-0.022 ***	-0.033 ***	-0.045 ***
	（-5.34）	（-4.19）	（-3.35）	（-3.65）
Eps	-0.002 ***	-0.003 ***	-0.001 ***	-0.002 ***
	（-13.79）	（-13.48）	（-2.63）	（-3.12）
Ggstk	0.002 ***	0.003 ***	0.001	0.001
	（5.73）	（7.31）	（0.53）	（1.03）
Zh	0.001 ***	0.002 **	0.001 **	0.002 **
	（3.01）	（2.41）	（2.38）	（2.24）
Invt	0.008 ***	0.011 ***	0.007 ***	0.010 ***
	（6.90）	（7.36）	（2.62）	（3.04）
Constant	-0.000	-0.001	0.002	-0.002
	（-0.35）	（-1.01）	（0.63）	（-0.56）
Firm	控制	控制	控制	控制
Year	控制	控制	控制	控制
Ind	控制	控制	控制	控制
N	6536	6536	1147	1147
R-squared	0.349	0.405	0.285	0.342
F	55.12	70.00	7.215	9.576

注：括号内为 *t* 值；***、**、* 分别表示1%、5%、10%的显著性水平（双尾）。

表 5 - 16　　替换会计信息可比性测度指标——股东大会会议次数调节效应

变量	股东大会会议次数较多（GDMeet = 1）		股东大会会议次数较少（GDMeet = 0）	
	(1)	(2)	(3)	(4)
	Comp4	Comp10	Comp4	Comp10
HKC	0.001 *** (3.64)	0.002 *** (3.48)	0.001 ** (2.38)	0.001 * (1.90)
Size	- 0.000 * (- 1.90)	- 0.002 *** (- 2.65)	- 0.001 *** (- 8.70)	- 0.001 *** (- 7.55)
Roa	0.013 *** (6.63)	0.016 *** (6.46)	0.016 *** (7.38)	0.022 *** (7.94)
Debt	- 0.001 *** (- 2.60)	- 0.002 *** (- 2.79)	0.000 (0.36)	- 0.000 (- 0.62)
Liqui	0.002 *** (3.85)	0.002 *** (4.46)	0.001 (1.09)	0.001 ** (1.97)
Ndts	- 0.028 *** (- 5.40)	- 0.032 *** (- 4.89)	- 0.020 *** (- 3.54)	- 0.018 ** (- 2.53)
Eps	- 0.002 *** (- 8.46)	- 0.002 *** (- 7.85)	- 0.003 *** (- 11.36)	- 0.004 *** (- 11.84)
Ggstk	0.002 *** (3.81)	0.003 *** (5.54)	0.002 *** (4.23)	0.003 *** (4.93)
Zh	0.002 ** (2.17)	0.001 (1.60)	0.001 *** (3.10)	0.000 *** (3.15)
Invt	0.009 *** (6.38)	0.011 *** (6.45)	0.006 *** (3.30)	0.009 *** (4.02)
Constant	- 0.004 *** (- 3.13)	- 0.006 *** (- 3.36)	0.005 *** (3.41)	0.004 * (1.83)
Firm	控制	控制	控制	控制
Year	控制	控制	控制	控制
Ind	控制	控制	控制	控制
N	4549	4549	3134	3134
R-squared	0.327	0.387	0.366	0.416
F	35.79	45.74	28.15	34.72

注：括号内为 t 值；*** 、** 、* 分别表示 1%、5%、10% 的显著性水平（双尾）。

表 5 - 17　　　　　替换会计信息可比性测度指标——董事长与

总经理是否两职合一调节效应

变量	两职合一（Duality = 1）		两职分离（Duality = 0）	
	(1)	(2)	(3)	(4)
	Comp4	Comp10	Comp4	Comp10
HKC	0.001 **	0.002 ***	0.001	0.001
	(2.31)	(2.95)	(1.18)	(1.61)
Size	− 0.001 ***	− 0.001 ***	− 0.000 ***	− 0.000 ***
	(− 4.62)	(− 4.52)	(− 6.87)	(− 6.57)
Roa	0.015 ***	0.019 ***	0.013 ***	0.016 ***
	(5.35)	(5.13)	(7.43)	(7.74)
Debt	− 0.001	− 0.001	− 0.001 *	− 0.001 **
	(− 1.29)	(− 1.55)	(− 1.70)	(− 2.50)
Liqui	0.001	0.001 *	0.001 ***	0.002 ***
	(1.15)	(1.77)	(2.67)	(3.35)
Ndts	− 0.017 *	− 0.014	− 0.025 ***	− 0.027 ***
	(− 1.94)	(− 1.26)	(− 5.74)	(− 5.07)
Eps	− 0.002 ***	− 0.003 ***	− 0.002 ***	− 0.003 ***
	(− 5.98)	(− 6.16)	(− 11.69)	(− 11.56)
Ggstk	0.001 **	0.002 ***	0.002 ***	0.004 ***
	(2.22)	(3.16)	(4.93)	(6.52)
Zh	0.001 **	0.001 ***	0.002 ***	0.000 **
	(2.56)	(2.83)	(2.83)	(2.24)
Invt	0.007 ***	0.010 ***	0.008 ***	0.011 ***
	(3.35)	(3.91)	(6.34)	(6.75)
Constant	0.005 **	0.006 *	(3.92)	(2.48)
	(1.96)	(1.91)	0.000	− 0.002
Firm	控制	控制	控制	控制
Year	控制	控制	控制	控制
Ind	控制	控制	控制	控制
N	1526	1526	6157	6157
R-squared	0.474	0.499	0.311	0.374
F	22.12	24.46	43.68	57.66

注：括号内为 t 值；*** 、** 、* 分别表示 1%、5%、10% 的显著性水平（双尾）。

表 5 – 18　　　　替换会计信息可比性测度指标——股权集中度调节效应

变量	第一大股东持股比例较高 (Holder1 = 1)		第一大股东持股比例较低 (Holder1 = 0)	
	(1)	(2)	(3)	(4)
	Comp4	Comp10	Comp4	Comp10
HKC	0.000 (0.70)	0.000 (0.02)	0.001 *** (4.31)	0.001 *** (3.64)
Size	− 0.001 *** (− 8.14)	− 0.001 *** (− 8.26)	− 0.000 ** (− 2.24)	− 0.000 * (− 1.77)
Roa	0.009 *** (4.22)	0.014 *** (4.90)	0.018 *** (8.73)	0.021 *** (8.53)
Debt	− 0.000 (− 0.36)	− 0.001 (− 0.78)	− 0.001 ** (− 2.11)	− 0.002 *** (− 3.00)
Liqui	0.001 *** (3.06)	0.002 *** (3.67)	0.001 * (1.90)	0.001 ** (2.45)
Ndts	− 0.024 *** (− 4.48)	− 0.022 *** (− 3.23)	− 0.026 *** (− 4.60)	− 0.031 *** (− 4.44)
Eps	− 0.002 *** (− 7.74)	− 0.002 *** (− 8.03)	− 0.003 *** (− 10.79)	− 0.003 *** (− 10.59)
Ggstk	0.002 *** (3.62)	0.003 *** (4.97)	0.003 *** (4.78)	0.004 *** (5.92)
Zh	0.001 (1.19)	0.002 (1.02)	0.001 ** (2.29)	0.001 (1.36)
Invt	0.009 *** (5.71)	0.012 *** (5.97)	0.007 *** (4.86)	0.010 *** (5.43)
Constant	0.005 *** (3.01)	0.005 ** (2.33)	− 0.004 ** (− 2.40)	− 0.006 *** (− 3.29)
Firm	控制	控制	控制	控制
Year	控制	控制	控制	控制
Ind	控制	控制	控制	控制
N	3823	3823	3860	3860
R-squared	0.363	0.413	0.326	0.392
F	33.97	41.91	30.58	40.88

注：括号内为 t 值；***、**、* 分别表示 1%、5%、10% 的显著性水平（双尾）。

表 5－19 替换会计信息可比性测度指标——内部控制质量调节效应

变量	内部控制质量较高（Ic = 1）		内部控制质量较低（Ic = 0）	
	（1）	（2）	（3）	（4）
	Comp4	Comp10	Comp4	Comp10
HKC	0.001 (1.46)	0.001 (1.53)	0.001 *** (4.49)	0.002 *** (4.14)
Size	−0.000 *** (−6.10)	−0.001 *** (−6.76)	−0.000 *** (−2.99)	−0.000 ** (−2.00)
Roa	0.011 *** (5.54)	0.015 *** (5.83)	0.014 *** (6.14)	0.016 *** (5.80)
Debt	0.000 (0.05)	−0.000 (−0.39)	−0.002 *** (−3.44)	−0.003 *** (−4.34)
Liqui	0.002 *** (3.44)	0.002 *** (4.15)	0.001 ** (1.97)	0.001 ** (2.29)
Ndts	−0.031 *** (−5.39)	−0.031 *** (−4.41)	−0.020 *** (−3.77)	−0.022 *** (−3.47)
Eps	−0.002 *** (−11.47)	−0.003 *** (−11.25)	−0.001 *** (−4.33)	−0.001 *** (−3.84)
Ggstk	0.002 *** (4.30)	0.004 *** (5.60)	0.002 *** (3.27)	0.003 *** (4.37)
Zh	0.001 *** (2.73)	0.004 ** (2.26)	0.002 ** (2.44)	0.001 ** (2.12)
Invt	0.009 *** (5.60)	0.013 *** (6.65)	0.007 *** (4.78)	0.008 *** (4.28)
Constant	0.003 * (1.79)	0.003 (1.39)	−0.004 *** (−2.79)	−0.008 *** (−3.98)
Firm	控制	控制	控制	控制
Year	控制	控制	控制	控制
Ind	控制	控制	控制	控制
N	4113	4113	3570	3570
R-squared	0.343	0.398	0.341	0.404
F	34.07	43.18	28.78	37.68

注：括号内为 t 值；***、**、* 分别表示 1%、5%、10% 的显著性水平（双尾）。

（二）使用交乘项检验内部治理变量的调节效应

为了检验本章假设 H5 - 1，本部分在模型（5 - 1）至模型（5 - 8）的基础上，从上市公司董事会特征、股权结构及内部控制质量三个维度，分别建立包含沪港通交易机制与公司内部治理各变量交乘项的回归模型（5 - 9）至模型（5 - 16），检验公司内部治理对沪港通交易机制实施与会计信息可比性关系的影响，并同步使用 $Comp4$ 和 $Comp10$ 测度会计信息可比性，回归结果见表 5 - 20 至表 5 - 27。

$$
\begin{aligned}
Compacct_{i,t}/Compind_{i,t} = {} & \beta_0 + \beta_1 HKC_{i,t} + \beta_2 Dsize_{i,t} + \beta_3 Dsize_{i,t} \times HKC_{i,t} \\
& + \beta_4 Size_{i,t} + \beta_5 Roa_{i,t} + \beta_6 Debt_{i,t} + \beta_7 Liqui_{i,t} \\
& + \beta_8 Ndts_{i,t} + \beta_9 Eps_{i,t} + \beta_{10} Ggstk_{i,t} + \beta_{11} Zh_{i,t} \\
& + \beta_{12} Invt_{i,t} + \sum Firm + \sum Year + \sum Ind \\
& + \varepsilon_{i,t}
\end{aligned}
\tag{5-9}
$$

$$
\begin{aligned}
Compacct_{i,t}/Compind_{i,t} = {} & \beta_0 + \beta_1 HKC_{i,t} + \beta_2 DDprop_{i,t} + \beta_3 DDprop_{i,t} \times HKC_{i,t} \\
& + \beta_4 Size_{i,t} + \beta_5 Roa_{i,t} + \beta_6 Debt_{i,t} + \beta_7 Liqui_{i,t} \\
& + \beta_8 Ndts_{i,t} + \beta_9 Eps_{i,t} + \beta_{10} Ggstk_{i,t} + \beta_{11} Zh_{i,t} \\
& + \beta_{12} Invt_{i,t} + \sum Firm + \sum Year + \sum Ind \\
& + \varepsilon_{i,t}
\end{aligned}
\tag{5-10}
$$

$$
\begin{aligned}
Compacct_{i,t}/Compind_{i,t} = {} & \beta_0 + \beta_1 HKC_{i,t} + \beta_2 DSMeet_{i,t} + \beta_3 DSMeet_{i,t} \times HKC_{i,t} \\
& + \beta_4 Size_{i,t} + \beta_5 Roa_{i,t} + \beta_6 Debt_{i,t} + \beta_7 Liqui_{i,t} \\
& + \beta_8 Ndts_{i,t} + \beta_9 Eps_{i,t} + \beta_{10} Ggstk_{i,t} + \beta_{11} Zh_{i,t} \\
& + \beta_{12} Invt_{i,t} + \sum Firm + \sum Year + \sum Ind \\
& + \varepsilon_{i,t}
\end{aligned}
\tag{5-11}
$$

$$
\begin{aligned}
Compacct_{i,t}/Compind_{i,t} = {} & \beta_0 + \beta_1 HKC_{i,t} + \beta_2 JSMeet_{i,t} + \beta_3 JSMeet_{i,t} \times HKC_{i,t} \\
& + \beta_4 Size_{i,t} + \beta_5 Roa_{i,t} + \beta_6 Debt_{i,t} + \beta_7 Liqui_{i,t} \\
& + \beta_8 Ndts_{i,t} + \beta_9 Eps_{i,t} + \beta_{10} Ggstk_{i,t} + \beta_{11} Zh_{i,t} \\
& + \beta_{12} Invt_{i,t} + \sum Firm + \sum Year + \sum Ind \\
& + \varepsilon_{i,t}
\end{aligned}
\tag{5-12}
$$

$$
Compacct_{i,t}/Compind_{i,t} = \beta_0 + \beta_1 HKC_{i,t} + \beta_2 GDMeet_{i,t} + \beta_3 GDMeet_{i,t} \times HKC_{i,t}
$$

$$+ \beta_4 Size_{i,t} + \beta_5 Roa_{i,t} + \beta_6 Debt_{i,t} + \beta_7 Liqui_{i,t}$$

$$+ \beta_8 Ndts_{i,t} + \beta_9 Eps_{i,t} + \beta_{10} Ggstk_{i,t} + \beta_{11} Zh_{i,t}$$

$$+ \beta_{12} Invt_{i,t} + \sum Firm + \sum Year + \sum Ind$$

$$+ \varepsilon_{i,t} \tag{5-13}$$

$$Compacct_{i,t}/Compind_{i,t} = \beta_0 + \beta_1 HKC_{i,t} + \beta_2 Duality_{i,t} + \beta_3 Duality_{i,t} \times HKC_{i,t}$$

$$+ \beta_4 Size_{i,t} + \beta_5 Roa_{i,t} + \beta_6 Debt_{i,t} + \beta_7 Liqui_{i,t}$$

$$+ \beta_8 Ndts_{i,t} + \beta_9 Eps_{i,t} + \beta_{10} Ggstk_{i,t} + \beta_{11} Zh_{i,t}$$

$$+ \beta_{12} Invt_{i,t} + \sum Firm + \sum Year + \sum Ind$$

$$+ \varepsilon_{i,t} \tag{5-14}$$

$$Compacct_{i,t}/Compind_{i,t} = \beta_0 + \beta_1 HKC_{i,t} + \beta_2 Holder1_{i,t} + \beta_3 Holder1_{i,t}$$

$$\times HKC_{i,t} + \beta_4 Size_{i,t} + \beta_5 Roa_{i,t} + \beta_6 Debt_{i,t}$$

$$+ \beta_7 Liqui_{i,t} + \beta_8 Ndts_{i,t} + \beta_9 Eps_{i,t} + \beta_{10} Ggstk_{i,t}$$

$$+ \beta_{11} Zh_{i,t} + \beta_{12} Invt_{i,t} + \sum Firm + \sum Year$$

$$+ \sum Ind + \varepsilon_{i,t} \tag{5-15}$$

$$Compacct_{i,t}/Compind_{i,t} = \beta_0 + \beta_1 HKC_{i,t} + \beta_2 IC_{i,t} + \beta_3 IC_{i,t} \times HKC_{i,t}$$

$$+ \beta_4 Size_{i,t} + \beta_5 Roa_{i,t} + \beta_6 Debt_{i,t} + \beta_7 Liqui_{i,t}$$

$$+ \beta_8 Ndts_{i,t} + \beta_9 Eps_{i,t} + \beta_{10} Ggstk_{i,t} + \beta_{11} Zh_{i,t}$$

$$+ \beta_{12} Invt_{i,t} + \sum Firm + \sum Year + \sum Ind$$

$$+ \varepsilon_{i,t} \tag{5-16}$$

表 5 - 20　　　　　董事会规模、沪港通与会计信息可比性

变量	(1)	(2)	(3)	(4)
	Compacct	*Compind*	*Comp10*	*Comp4*
HKC	0.003 ***	0.003 ***	0.003 ***	0.001 **
	(2.94)	(2.66)	(3.25)	(2.00)
Dsize	-0.001 ***	-0.002 **	-0.0015 **	-0.000 **
	(-2.77)	(-2.22)	(-2.36)	(-2.00)

续表

变量	(1) Compacct	(2) Compind	(3) Comp10	(4) Comp4
$Dsize \times HKC$	0.002 *** (2.74)	0.014 ** (2.23)	0.001 ** (2.55)	0.000 (1.10)
$Size$	-0.001 *** (-4.00)	-0.001 *** (-4.13)	-0.015 *** (-5.85)	-0.002 *** (-5.96)
Roa	0.033 *** (14.05)	0.037 *** (14.33)	0.019 *** (10.03)	0.015 *** (9.82)
$Debt$	-0.002 *** (-3.94)	-0.002 *** (-3.27)	-0.001 *** (-2.72)	-0.001 ** (-1.96)
$Liqui$	0.003 *** (5.54)	0.004 *** (6.27)	0.002 *** (4.76)	0.001 *** (3.86)
$Ndts$	-0.038 *** (-6.15)	-0.041 *** (-6.00)	-0.025 *** (-5.19)	-0.024 *** (-6.20)
Eps	-0.004 *** (-17.20)	-0.005 *** (-17.67)	-0.003 *** (-13.60)	-0.002 *** (-13.80)
$Ggstk$	0.005 *** (9.06)	0.005 *** (8.25)	0.003 *** (6.83)	0.002 *** (5.11)
Zh	0.003 *** (4.15)	0.004 *** (4.53)	0.002 *** (3.28)	0.003 *** (3.76)
$Invt$	0.014 *** (8.19)	0.017 *** (9.08)	0.011 *** (8.03)	0.008 *** (7.54)
$Constant$	-0.002 (-1.29)	-0.001 (-0.64)	-0.002 * (-1.66)	-0.001 (-0.71)
$Firm$	控制	控制	控制	控制
$Year$	控制	控制	控制	控制
Ind	控制	控制	控制	控制
N	7683	7683	7683	7683
$R\text{-}squared$	0.349	0.294	0.385	0.326
F	64.75	50.18	75.48	58.47

注：括号内为 t 值；***、**、* 分别表示1%、5%、10%的显著性水平（双尾）。

表 5 - 21　　　　　　　董事会结构、沪港通与会计信息可比性

变量	（1） *Compacct*	（2） *Compind*	（3） *Comp4*	（4） *Comp10*
HKC	0. 002 * （1. 68）	0. 002 （1. 21）	0. 000 （0. 13）	0. 001 *** （3. 23）
DDprop	0. 001 * （1. 89）	0. 002 （1. 14）	0. 001 （0. 69）	0. 001 * （1. 72）
DDprop × HKC	− 0. 008 ** （− 2. 13）	− 0. 010 ** （− 2. 26）	− 0. 003 （− 1. 19）	0. 003 *** （2. 75）
Size	− 0. 001 *** （− 5. 23）	− 0. 002 *** （− 5. 25）	− 0. 001 *** （− 7. 01）	− 0. 000 * （− 1. 88）
Roa	0. 032 *** （13. 72）	0. 036 *** （14. 01）	0. 014 *** （9. 54）	0. 001 （1. 43）
Debt	− 0. 002 *** （− 3. 99）	− 0. 002 *** （− 3. 30）	− 0. 001 ** （− 1. 97）	0. 000 * （1. 65）
Liqui	0. 003 *** （5. 43）	0. 003 *** （6. 17）	0. 001 *** （3. 80）	− 0. 000 （− 1. 37）
Ndts	− 0. 039 *** （− 6. 38）	− 0. 042 *** （− 6. 20）	− 0. 025 *** （− 6. 40）	− 0. 005 *** （− 3. 72）
Eps	− 0. 004 *** （− 17. 28）	− 0. 005 *** （− 17. 74）	− 0. 002 *** （− 13. 82）	− 0. 000 *** （− 3. 00）
Ggstk	0. 006 *** （9. 85）	0. 006 *** （8. 99）	0. 002 *** （5. 71）	− 0. 000 *** （− 3. 39）
Zh	0. 002 *** （4. 10）	0. 001 *** （4. 45）	0. 003 *** （3. 76）	0. 014 ** （2. 04）
Invt	0. 014 *** （8. 18）	0. 017 *** （9. 08）	0. 008 *** （7. 53）	0. 000 （0. 28）
Constant	− 0. 001 （− 0. 66）	0. 000 （0. 05）	− 0. 000 （− 0. 09）	0. 001 ** （2. 35）
Firm	控制	控制	控制	控制
Year	控制	控制	控制	控制
Ind	控制	控制	控制	控制

续表

变量	(1) Compacct	(2) Compind	(3) Comp4	(4) Comp10
N	7683	7683	7683	7683
R-squared	0.352	0.298	0.328	0.306
F	63.55	49.53	57.14	47.23

注：括号内为 t 值；***、**、* 分别表示1%、5%、10%的显著性水平（双尾）。

表5-22　　　　董事会结构、沪港通与会计信息可比性

变量	(1) Compacct	(2) Compind	(3) Comp4	(4) Comp10
HKC	0.001 * (1.82)	0.002 ** (2.11)	0.001 *** (3.13)	0.015 *** (2.87)
DSMeet	-0.000 (-0.31)	-0.002 (-0.08)	-0.001 * (-1.67)	-0.000 * (-1.66)
DSMeet × HKC	0.001 (1.38)	0.001 (1.22)	0.002 (1.32)	0.001 (1.43)
Size	-0.001 *** (-4.49)	-0.001 *** (-4.49)	-0.002 *** (-6.06)	-0.014 *** (-5.91)
Roa	0.033 *** (14.05)	0.037 *** (14.35)	0.015 *** (9.83)	0.019 *** (10.04)
Debt	-0.002 *** (-4.17)	-0.002 *** (-3.42)	-0.001 * (-1.89)	-0.001 *** (-2.70)
Liqui	0.003 *** (5.44)	0.003 *** (6.21)	0.001 *** (3.91)	0.002 *** (4.79)
Ndts	-0.039 *** (-6.28)	-0.042 *** (-6.12)	-0.026 *** (-6.53)	-0.027 *** (-5.51)
Eps	-0.004 *** (-17.23)	-0.005 *** (-17.70)	-0.002 *** (-13.86)	-0.003 *** (-13.72)
Ggstk	0.005 *** (9.22)	0.005 *** (8.39)	0.002 *** (5.33)	0.003 *** (7.08)

续表

变量	(1)	(2)	(3)	(4)
	Compacct	Compind	Comp4	Comp10
Zh	0.016***	0.025***	0.013***	0.012***
	(4.38)	(4.71)	(3.84)	(3.34)
Invt	0.014***	0.017***	0.008***	0.011***
	(8.17)	(9.09)	(7.68)	(8.19)
Constant	-0.003	-0.002	-0.001	-0.003**
	(-1.52)	(-0.86)	(-0.95)	(-2.03)
Firm	控制	控制	控制	控制
Year	控制	控制	控制	控制
Ind	控制	控制	控制	控制
N	7683	7683	7683	7683
R-squared	0.349	0.294	0.327	0.385
F	64.69	50.21	58.61	75.63

注：括号内为 t 值；***、**、* 分别表示1%、5%、10%的显著性水平（双尾）。

表5-23　　　　监事会会议次数、沪港通与会计信息可比性

变量	(1)	(2)	(3)	(4)
	Compacct	Compind	Comp4	Comp10
HKC	0.003***	0.004***	0.003***	0.004***
	(2.70)	(2.64)	(4.36)	(4.14)
JSMeet	0.015	0.002	0.001*	0.000
	(0.22)	(0.01)	(1.66)	(0.08)
JSMeet × HKC	-0.000	-0.001	-0.002***	-0.001**
	(-1.62)	(-1.30)	(-2.62)	(-2.17)
Size	-0.000	-0.001	-0.002***	-0.001**
	(-0.36)	(-0.73)	(-3.24)	(-2.22)
Roa	0.032***	0.034***	0.012***	0.016***
	(8.76)	(8.43)	(5.27)	(5.40)
Debt	-0.004***	-0.004***	-0.001**	-0.002***
	(-4.58)	(-4.28)	(-2.40)	(-3.22)

续表

变量	(1) *Compacct*	(2) *Compind*	(3) *Comp*4	(4) *Comp*10
Liqui	0. 002 * (1. 81)	0. 002 ** (2. 20)	0. 001 *** (2. 61)	0. 002 *** (2. 95)
Ndts	− 0. 032 *** (− 3. 28)	− 0. 036 *** (− 3. 37)	− 0. 025 *** (− 4. 05)	− 0. 028 *** (− 3. 61)
Eps	− 0. 005 *** (− 11. 39)	− 0. 005 *** (− 10. 78)	− 0. 002 *** (− 6. 76)	− 0. 002 *** (− 7. 09)
Ggstk	0. 004 *** (3. 99)	0. 004 *** (3. 55)	0. 001 (1. 34)	0. 002 ** (2. 25)
Zh	0. 001 *** (4. 31)	0. 002 *** (4. 90)	0. 018 *** (4. 89)	0. 012 *** (4. 71)
Invt	0. 013 *** (4. 99)	0. 017 *** (6. 02)	0. 009 *** (5. 22)	0. 011 *** (5. 15)
Constant	− 0. 008 *** (− 3. 20)	− 0. 006 ** (− 2. 23)	− 0. 001 (− 0. 83)	− 0. 005 *** (− 2. 59)
Firm	控制	控制	控制	控制
Year	控制	控制	控制	控制
Ind	控制	控制	控制	控制
N	7683	7683	7683	7683
R-squared	0. 315	0. 269	0. 280	0. 330
F	20. 66	16. 54	17. 46	22. 06

注：括号内为 t 值；*** 、** 、* 分别表示1% 、5% 、10% 的显著性水平（双尾）。

表5 – 24　　　　　股东大会会议次数、沪港通与会计信息可比性

变量	(1) *Compacct*	(2) *Compind*	(3) *Comp*4	(4) *Comp*10
HKC	0. 002 *** (4. 22)	0. 002 *** (4. 76)	0. 002 *** (5. 32)	0. 002 *** (4. 87)
GDMeet	− 0. 000 (− 0. 01)	− 0. 000 * (− 1. 77)	− 0. 000 ** (− 1. 97)	− 0. 000 ** (− 2. 02)

续表

变量	（1）Compacct	（2）Compind	（3）Comp4	（4）Comp10
GDMeet × HKC	0.000 ** （2.31）	0.001 * （1.83）	0.000 ** （2.22）	0.000 ** （2.08）
Size	−0.001 *** （−5.51）	−0.002 *** （−5.65）	−0.016 *** （−7.19）	−0.000 *** （−7.15）
Roa	0.032 *** （13.86）	0.036 *** （14.14）	0.014 *** （9.66）	0.018 *** （9.85）
Debt	−0.002 *** （−4.01）	−0.002 *** （−3.41）	−0.001 * （−1.94）	−0.001 *** （−2.74）
Liqui	0.003 *** （5.43）	0.003 *** （6.17）	0.001 *** （3.83）	0.002 *** （4.73）
Ndts	−0.039 *** （−6.29）	−0.041 *** （−6.04）	−0.025 *** （−6.37）	−0.026 *** （−5.32）
Eps	−0.004 *** （−17.27）	−0.005 *** （−17.70）	−0.002 *** （−13.83）	−0.003 *** （−13.65）
Ggstk	0.006 *** （9.72）	0.006 *** （8.83）	0.002 *** （5.65）	0.003 *** （7.41）
Zh	0.002 *** （4.16）	0.002 *** （4.52）	0.017 *** （3.79）	0.013 *** （3.27）
Invt	0.014 *** （8.18）	0.017 *** （9.01）	0.008 *** （7.59）	0.011 *** （8.08）
Constant	−0.001 （−0.72）	−0.000 （−0.02）	−0.000 （−0.14）	−0.002 （−1.17）
Firm	控制	控制	控制	控制
Year	控制	控制	控制	控制
Ind	控制	控制	控制	控制
N	7683	7683	7683	7683
R-squared	0.352	0.297	0.329	0.387
F	63.66	50.37	57.37	74.03

注：括号内为 t 值；***、**、* 分别表示1%、5%、10%的显著性水平（双尾）。

表 5 - 25　　董事长与总经理两职分离、沪港通与会计信息可比性

变量	(1) Compacct	(2) Compind	(3) Comp4	(4) Comp10
HKC	0. 001 *** (3. 26)	0. 002 *** (3. 64)	0. 001 *** (4. 94)	0. 001 *** (4. 43)
Duality	− 0. 001 * (− 1. 71)	− 0. 012 (− 1. 13)	− 0. 017 ** (− 1. 98)	− 0. 002 (− 0. 11)
Duality × HKC	0. 001 (0. 45)	0. 001 * (1. 69)	0. 002 ** (2. 23)	0. 000 (0. 04)
Size	− 0. 000 *** (− 5. 98)	− 0. 001 *** (− 6. 01)	− 0. 002 *** (− 7. 65)	− 0. 001 *** (− 7. 60)
Roa	0. 032 *** (13. 33)	0. 035 *** (13. 62)	0. 013 *** (9. 04)	0. 017 *** (9. 20)
Debt	− 0. 002 *** (− 3. 82)	− 0. 002 *** (− 3. 18)	− 0. 001 ** (− 1. 97)	− 0. 001 *** (− 2. 81)
Liqui	0. 003 *** (5. 03)	0. 003 *** (5. 76)	0. 001 *** (3. 38)	0. 002 *** (4. 21)
Ndts	− 0. 038 *** (− 6. 21)	− 0. 041 *** (− 6. 00)	− 0. 024 *** (− 6. 31)	− 0. 025 *** (− 5. 24)
Eps	− 0. 004 *** (− 16. 85)	− 0. 005 *** (− 17. 33)	− 0. 002 *** (− 13. 48)	− 0. 003 *** (− 13. 33)
Ggstk	0. 006 *** (9. 91)	0. 006 *** (9. 03)	0. 002 *** (5. 68)	0. 003 *** (7. 35)
Zh	0. 015 *** (3. 97)	0. 014 *** (4. 30)	0. 016 *** (3. 62)	0. 021 *** (3. 16)
Invt	0. 014 *** (7. 96)	0. 017 *** (8. 87)	0. 008 *** (7. 42)	0. 011 *** (7. 93)
Constant	− 0. 000 (− 0. 24)	0. 001 (0. 41)	0. 000 (0. 24)	− 0. 001 (− 0. 75)
Firm	控制	控制	控制	控制
Year	控制	控制	控制	控制
Ind	控制	控制	控制	控制

变量	（1）	（2）	（3）	（4）
	Compacct	Compind	Comp4	Comp10
N	7683	7683	7683	7683
R-squared	0.349	0.294	0.328	0.387
F	62.03	48.24	56.53	72.95

注：括号内为 t 值；*** 、** 、* 分别表示1%、5%、10%的显著性水平（双尾）。

表5－26　　　　股权集中度、沪港通与会计信息可比性

变量	（1）	（2）	（3）	（4）
	Compacct	Compind	Comp4	Comp10
HKC	0.006 *** （3.33）	0.007 *** （3.51）	0.003 *** （2.68）	0.005 *** （3.32）
Holder1	0.001 *** （5.22）	0.001 *** （5.41）	0.000 *** （3.52）	0.001 *** （3.92）
Holder1 × HKC	− 0.002 *** （− 4.19）	− 0.002 *** （− 4.46）	− 0.001 *** （− 3.88）	− 0.002 *** （− 4.43）
Size	− 0.001 *** （− 5.71）	− 0.002 *** （− 5.77）	− 0.001 *** （− 7.22）	− 0.014 *** （− 7.17）
Roa	0.032 *** （13.54）	0.036 *** （13.83）	0.014 *** （9.41）	0.018 *** （9.58）
Debt	− 0.002 *** （− 4.21）	− 0.002 *** （− 3.51）	− 0.001 ** （− 2.16）	− 0.001 *** （− 2.95）
Liqui	0.003 *** （5.30）	0.003 *** （6.06）	0.001 *** （3.74）	0.002 *** （4.63）
Ndts	− 0.041 *** （− 6.76）	− 0.044 *** （− 6.56）	− 0.026 *** （− 6.66）	− 0.027 *** （− 5.66）
Eps	− 0.004 *** （− 17.43）	− 0.005 *** （− 17.89）	− 0.002 *** （− 13.90）	− 0.003 *** （− 13.75）
Ggstk	0.006 *** （9.77）	0.006 *** （8.90）	0.002 *** （5.65）	0.003 *** （7.44）

续表

变量	(1) *Compacct*	(2) *Compind*	(3) *Comp*4	(4) *Comp*10
Zh	0.001 ** (2.05)	0.001 ** (2.30)	0.002 ** (2.40)	0.016 * (1.80)
Invt	0.014 *** (8.25)	0.017 *** (9.16)	0.008 *** (7.58)	0.011 *** (8.10)
Constant	−0.004 ** (−2.27)	−0.003 * (−1.67)	−0.001 (−1.30)	−0.003 ** (−2.43)
Firm	控制	控制	控制	控制
Year	控制	控制	控制	控制
Ind	控制	控制	控制	控制
N	7683	7683	7683	7683
R-squared	0.354	0.300	0.330	0.389
F	64.33	50.29	57.74	74.58

注：括号内为 *t* 值；*** 、** 、* 分别表示 1%、5%、10% 的显著性水平（双尾）。

表 5 – 27　　　　内部控制质量、沪港通与会计信息可比性

变量	(1) *Compacct*	(2) *Compind*	(3) *Comp*4	(4) *Comp*10
HKC	0.066 *** (6.22)	0.078 *** (6.75)	0.043 *** (6.38)	0.056 *** (6.76)
Ic	0.005 *** (6.29)	0.006 *** (7.18)	0.003 *** (5.78)	0.003 *** (5.36)
IC × *HKC*	−0.010 *** (−6.36)	−0.012 *** (−6.89)	−0.007 *** (−6.56)	−0.009 *** (−6.84)
Size	−0.001 *** (−9.04)	−0.001 *** (−9.39)	−0.001 *** (−10.27)	−0.001 *** (−9.34)
Roa	0.024 *** (9.59)	0.027 *** (9.70)	0.010 *** (6.35)	0.013 *** (6.53)

续表

变量	（1） Compacct	（2） Compind	（3） Comp4	（4） Comp10
Debt	-0.001 ** （-2.24）	-0.001 （-1.57）	-0.000 （-0.19）	-0.000 （-1.09）
Liqui	0.002 *** （4.27）	0.003 *** （4.93）	0.001 *** （2.81）	0.001 *** （3.61）
Ndts	-0.033 *** （-5.38）	-0.035 *** （-5.21）	-0.021 *** （-5.43）	-0.020 *** （-4.15）
Eps	-0.004 *** （-16.52）	-0.005 *** （-16.99）	-0.002 *** （-13.13）	-0.003 *** （-12.88）
Ggstk	0.006 *** （9.93）	0.006 *** （9.04）	0.002 *** （5.92）	0.003 *** （7.35）
Zh	0.016 *** （3.57）	0.017 *** （3.77）	0.002 *** （3.33）	0.001 *** （2.87）
Invt	0.012 *** （6.78）	0.015 *** （7.74）	0.007 *** （6.48）	0.009 *** （6.77）
Constant	-0.026 *** （-5.46）	-0.031 *** （-6.01）	-0.015 *** （-4.89）	-0.019 *** （-5.11）
Firm	控制	控制	控制	控制
Year	控制	控制	控制	控制
Ind	控制	控制	控制	控制
N	7683	7683	7683	7683
R-squared	0.364	0.309	0.345	0.400
F	65.27	50.91	60.00	78.47

注：括号内为 t 值；*** 、** 分别表示 1%、5% 的显著性水平（双尾）。

从以上回归结果可知，沪港通交易机制与公司内部治理各变量交乘的系数，除交乘项 DSMeet × HKC、JSMeet × HKC 和 Duality × HKC 外，其他的公司内部治理变量与 HKC 的交乘项系数均显著相关。具体而言，HKC 与会计信息可比性（四个测度指标 Compacct、Compind、Comp4 和 Comp10）均为显著正相关，说明沪港通交易机制的实施提升了标的上市公司的会计信息可比性，再次验证了本章假设 H5 - 1；交乘项 $Dsize \times HKC$ 的系数显著为正，说明较大的董事会规模下沪港通交易机制对上市公司会计信息可比性的提升更显著；交乘项 $DDprop \times HKC$ 的系数显著为负，说明较低的独立董事会比例下沪港通交易机制对上市公司会计信息可比性的提升更显著；交乘项 $DSMeet \times HKC$ 的系数为正但不显著，说明较多的董事会议促进沪港通交易机制对上市公司会计信息可比性的提升；交乘项 $JSMeet \times HKC$ 的系数为负但不显著，说明较少的监事会议促进沪港通交易机制对上市公司会计信息可比性的提升；交乘项 $GDMeet \times HKC$ 的系数显著为正，说明较多的股东会议下沪港通交易机制对上市公司会计信息可比性的提升更显著；交乘项 $Duality \times HKC$ 的系数为正但不显著，说明董事会与总经理两职分离时沪港通交易机制能促进上市公司会计信息可比性提升；交乘项 $Holder1 \times HKC$ 的系数显著为负，说明较低的股权集中度下沪港通交易机制对上市公司会计信息可比性的提升显著；交乘项 $Ic \times HKC$ 的系数显著为负，说明较低的内部控制质量下沪港通交易机制对上市公司会计信息可比性的提升显著；这说明本章研究的主要结论保持不变，表明在董事会规模较大、独立董事比例较低、董事会会议次数较多、监事会会议次数较少、股东大会会议次数较多、董事长与总经理为两职合一、股权集中度较低、内部控制质量较低的公司，沪港通交易机制的实施对促进上市公司会计信息可比性的提升更显著，本章假设 H5 - 1 得到验证。

（三）倾向得分匹配（PSM）与 DID 估计

考虑到沪股通试点标的公司并非随机选定而可能存在样本选择偏误，从而导致处理组与控制组在公司特征方面存在差异使得 DID 模型估计结果的稳健性降低，本部分仍采用本书第四章 PSM 的方法，确定公司特征相似的控制组并得到配对样本，然后进行双重差分估计。具体处理方法同第四章，即首先保留样本期间被调入沪港通标的试点公司的数据，并标记为处理组（$Treat = 1$）；同时，保留从未加入过沪港通标的试点的样本，标记为控制组（$Treat = 0$）。

本章直接采用第四章得到的配对样本 5102 个（2551 组）进行 DID 重

新估计。该配对样本综合考虑了公司规模、盈利能力和成长性等特点，以公司规模（*Size*）、总资产收益率（*Roa*）、每股收益（*Eps*）、成长性（*Growth*）和投资支出率（*Invt*）为倾向得分匹配过程中的解释变量，以*Treat*为被解释变量，并控制了年度（*Year*）、行业固定效应（*Ind*），依据1∶1近邻匹配原则匹配所得到。该样本的处理组与控制组在公司规模、成长性和每股收益等方面已不存在显著差异，配对样本的平衡性检验结果见本书第四章表4-7。

按照模型（5-1）至模型（5-8），对配对样本进行 DID 重新估计，回归结果见表5-28至表5-35。其中，表5-28第（1）、（2）列董事会规模较大组、表5-29第（3）、（4）列独立董事比例较低组、表5-30第（1）、（2）列公司治理中的董事会会议次数较多组、表5-31第（3）、（4）列监事会会议次数较少组、表5-32第（1）、（2）列股东大会会议频次较多组、表5-33第（1）、（2）列董事长与总经理两职合一组、表5-34第（3）、（4）列股权集中度较低组以及表5-35第（3）、（4）列内部控制质量较低组，*HKC* 的系数均在 1% 水平上显著为正；而表5-28至表5-35中的董事会规模较小、独立董事比例较高、董事会会议次数较少、监事会会议次数较多、股东大会会议次数较少、董事长与总经理为两职分离、股权集中度较高、内部控制质量较高的组，*HKC* 的系数基本不显著。这表明控制了样本选择性偏误后，假设5-1仍然成立。

表5-28　　　　PSM 配对后 DID 估计——董事会规模调节效应

变量	董事会规模较大（*Dsize*=1）		董事会规模较小（*Dsize*=0）	
	（1）	（2）	（3）	（4）
	Compacct	*Compind*	*Compacct*	*Compind*
HKC	0.001 *** (3.12)	0.002 *** (4.30)	0.001 (1.22)	0.001 (1.44)
Size	-0.013 ** (-2.07)	-0.001 ** (-2.14)	-0.000 (-1.23)	-0.002 (-1.09)

变量	董事会规模较大（Dsize = 1）		董事会规模较小（Dsize = 0）	
	（1）	（2）	（3）	（4）
	Compacct	*Compind*	*Compacct*	*Compind*
Roa	0.026 ***	0.028 ***	0.066 ***	0.073 ***
	（6.04）	（5.94）	（11.35）	（11.51）
Debt	−0.905 ***	−0.005 ***	−0.001	−0.001
	（−5.17）	（−4.65）	（−0.62）	（−0.49）
Liqui	0.001	0.002 **	0.004 ***	0.004 ***
	（1.51）	（2.13）	（3.32）	（3.41）
Ndts	−0.050 ***	−0.053 ***	−0.030 **	−0.034 **
	（−5.23）	（−5.12）	（−2.08）	（−2.17）
Eps	−0.004 ***	−0.004 ***	−0.007 ***	−0.008 ***
	（−8.89）	（−8.71）	（−9.93）	（−10.51）
Ggstk	0.007 ***	0.007 ***	0.006 ***	0.006 ***
	（6.12）	（5.49）	（4.72）	（4.61）
Zh	0.002	0.002	0.001	0.001 *
	（0.93）	（0.81）	（1.34）	（1.80）
Invt	0.014 ***	0.018 ***	0.026 ***	0.030 ***
	（4.76）	（5.39）	（5.09）	（5.45）
Constant	−0.003	−0.002	−0.007 *	−0.007 *
	（−1.17）	（−0.78）	（−1.88）	（−1.77）
Firm	控制	控制	控制	控制
Year	控制	控制	控制	控制
Ind	控制	控制	控制	控制
N	3708	3708	1394	1394
R-squared	0.320	0.271	0.394	0.356
F	27.68	21.84	14.94	12.97

注：括号内为 t 值；*** 、** 、* 分别表示1%、5%、10%的显著性水平（双尾）。

表 5 – 29　　　　　　PSM 配对后 DID 估计——董事会结构调节效应

变量	独董比例较高（DDprop = 1）		独董比例较低（DDprop = 0）	
	（1）	（2）	（3）	（4）
	Compacct	Compind	Compacct	Compind
HKC	0.001 (0.54)	0.000 (0.30)	0.001 *** (3.01)	0.002 *** (2.76)
Size	− 0.001 * (− 1.74)	− 0.002 (− 1.40)	− 0.001 (− 1.52)	− 0.001 ** (− 1.97)
Roa	0.038 *** (10.25)	0.042 *** (10.32)	0.043 *** (4.92)	0.046 *** (4.84)
Debt	− 0.003 *** (− 4.21)	− 0.003 *** (− 3.81)	− 0.003 * (− 1.93)	− 0.003 (− 1.63)
Liqui	0.002 *** (2.91)	0.003 *** (3.32)	0.002 (1.28)	0.003 * (1.68)
Ndts	− 0.040 *** (− 4.57)	− 0.043 *** (− 4.50)	− 0.063 *** (− 3.22)	− 0.063 *** (− 2.97)
Eps	− 0.005 *** (− 12.12)	− 0.005 *** (− 12.25)	− 0.004 *** (− 4.43)	− 0.004 *** (− 4.26)
Ggstk	0.006 *** (6.74)	0.006 *** (6.30)	0.007 *** (3.22)	0.006 *** (2.61)
Zh	0.001 (1.04)	0.001 (1.23)	0.002 (0.94)	0.000 (1.00)
Invt	0.018 *** (6.58)	0.022 *** (7.28)	0.019 *** (2.98)	0.023 *** (3.27)
Constant	− 0.006 ** (− 2.45)	− 0.006 ** (− 2.30)	0.000 (0.09)	0.003 (0.70)
Firm	控制	控制	控制	控制
Year	控制	控制	控制	控制
Ind	控制	控制	控制	控制
N	4150	4150	952	952
R-squared	0.311	0.263	0.430	0.384
F	30.72	24.33	12.29	10.18

注：括号内为 t 值；*** 、 ** 、 * 分别表示 1% 、5% 、10% 的显著性水平（双尾）。

表 5 - 30　　　PSM 配对后 DID 估计——董事会会议次数调节效应

变量	董事会会议次数较多（DSMeet = 1）		董事会会议次数较少（DSMeet = 0）	
	(1)	(2)	(3)	(4)
	Compacct	Compind	Compacct	Compind
HKC	0.002 *** (3.36)	0.003 *** (3.79)	0.001 (1.29)	0.001 (1.52)
Size	-0.001 *** (-2.72)	-0.001 *** (-2.68)	-0.000 (-0.88)	-0.002 (-1.00)
Roa	0.041 *** (8.68)	0.043 *** (8.01)	0.035 *** (6.87)	0.040 *** (7.16)
Debt	-0.005 *** (-4.25)	-0.005 *** (-3.89)	-0.003 *** (-2.78)	-0.003 ** (-2.31)
Liqui	0.002 * (1.65)	0.002 * (1.93)	0.002 * (1.66)	0.002 ** (2.27)
Ndts	-0.038 *** (-3.37)	-0.040 *** (-3.27)	-0.052 *** (-4.52)	-0.055 *** (-4.39)
Eps	-0.004 *** (-9.40)	-0.005 *** (-9.19)	-0.005 *** (-8.92)	-0.006 *** (-9.29)
Ggstk	0.008 *** (6.50)	0.008 *** (6.29)	0.006 *** (4.76)	0.005 *** (4.20)
Zh	0.001 * (1.66)	0.002 (1.37)	0.001 (0.60)	0.001 (0.78)
Invt	0.020 *** (6.10)	0.023 *** (6.28)	0.012 *** (2.96)	0.016 *** (3.62)
Constant	-0.006 ** (-2.03)	-0.005 (-1.56)	-0.001 (-0.34)	-0.001 (-0.20)
Firm	控制	控制	控制	控制
Year	控制	控制	控制	控制
Ind	控制	控制	控制	控制
N	2745	2745	2357	2357
R-squared	0.320	0.273	0.355	0.304
F	21.07	16.24	20.01	15.93

注：括号内为 t 值；***、**、* 分别表示 1%、5%、10% 的显著性水平（双尾）。

表 5 - 31　　　　PSM 配对后 DID 估计——监事会会议次数调节效应

变量	监事会会议次数较多（JSMeet = 1）		监事会会议次数较少（JSMeet = 0）	
	(1)	(2)	(3)	(4)
	Compacct	Compind	Compacct	Compind
HKC	0.001 (1.53)	0.001 (1.31)	0.003 *** (3.02)	0.003 *** (3.25)
Size	-0.002 *** (-3.12)	-0.001 *** (-2.86)	0.001 * (1.92)	0.001 (1.46)
Roa	0.042 *** (11.12)	0.046 *** (11.15)	0.029 *** (3.58)	0.032 *** (3.57)
Debt	-0.003 *** (-3.36)	-0.003 *** (-2.93)	-0.007 *** (-3.78)	-0.007 *** (-3.64)
Liqui	0.002 *** (2.88)	0.003 *** (3.59)	0.001 (0.72)	0.001 (0.60)
Ndts	-0.042 *** (-4.84)	-0.044 *** (-4.64)	-0.051 *** (-2.61)	-0.058 *** (-2.72)
Eps	-0.005 *** (-11.65)	-0.005 *** (-11.80)	-0.005 *** (-5.74)	-0.005 *** (-5.60)
Ggstk	0.007 *** (7.65)	0.007 *** (7.06)	0.003 (1.03)	0.003 (0.93)
Zh	0.001 (1.46)	0.001 (1.41)	0.002 (0.13)	0.002 (0.90)
Invt	0.018 *** (6.47)	0.022 *** (7.14)	0.016 *** (2.59)	0.019 *** (2.88)
Constant	-0.002 (-0.83)	-0.002 (-0.70)	-0.015 *** (-3.27)	-0.013 ** (-2.53)
Firm	控制	控制	控制	控制
Year	控制	控制	控制	控制
Ind	控制	控制	控制	控制
Observations	4316	4316	786	786
R-squared	0.336	0.283	0.339	0.299
F	35.24	27.08	6.936	5.775

注：括号内为 t 值；*** 、 ** 、 * 分别表示 1% 、5% 、10% 的显著性水平（双尾）。

表 5 – 32　　　　PSM 配对后 DID 估计——股东大会会议次数调节效应

变量	股东大会会议次数较多（GDMeet = 1）		股东大会会议次数较少（GDMeet = 0）	
	(1)	(2)	(3)	(4)
	Compacct	Compind	Compacct	Compind
HKC	0.003 *** (3.68)	0.002 *** (3.56)	0.001 (1.40)	0.001 (1.62)
Size	-0.002 * (-1.86)	-0.002 (-1.53)	-0.001 * (-1.82)	-0.001 (-1.11)
Roa	0.038 *** (8.15)	0.043 *** (8.65)	0.038 *** (7.11)	0.045 *** (7.85)
Debt	-0.003 *** (-3.51)	-0.003 *** (-3.19)	-0.003 *** (-2.63)	-0.003 *** (-2.62)
Liqui	0.003 *** (3.67)	0.004 *** (4.02)	0.001 (0.58)	0.001 (0.88)
Ndts	-0.041 *** (-3.89)	-0.045 *** (-3.85)	-0.053 *** (-4.36)	-0.056 *** (-4.18)
Eps	-0.004 *** (-8.52)	-0.004 *** (-8.46)	-0.006 *** (-10.07)	-0.006 *** (-9.98)
Ggstk	0.006 *** (5.84)	0.006 *** (5.10)	0.007 *** (5.51)	0.007 *** (4.89)
Zh	0.001 (1.26)	0.001 * (1.77)	-0.012 (-0.24)	0.001 (0.73)
Invt	0.019 *** (5.90)	0.024 *** (6.87)	0.012 *** (2.92)	0.016 *** (3.47)
Constant	-0.004 (-1.30)	-0.004 (-1.22)	-0.004 (-1.35)	-0.005 (-1.54)
Firm	控制	控制	控制	控制
Year	控制	控制	控制	控制
Ind	控制	控制	控制	控制
N	3034	3034	2068	2068
R-squared	0.341	0.289	0.336	0.285
F	24.44	19.79	16.12	13.12

注：括号内为 t 值；*** 、* 分别表示 1%、10% 的显著性水平（双尾）。

表 5 - 33　　　**PSM 配对后 DID 估计——董事长与总经理两职分离调节效应**

变量	两职合一（Duality = 1）		两职分离（Duality = 0）	
	（1）	（2）	（3）	（4）
	Compacct	Compind	Compacct	Compind
HKC	0.002 ***	0.001 ***	0.001	0.001
	（3.67）	（3.16）	（1.51）	（1.60）
Size	−0.001 **	−0.001 **	−0.000 **	−0.000 *
	（−2.25）	（−2.37）	（−2.53）	（−1.76）
Roa	0.037 ***	0.040 ***	0.035 ***	0.041 ***
	（4.73）	（4.68）	（8.84）	（9.65）
Debt	−0.003 *	−0.003	−0.003 ***	−0.004 ***
	（−1.67）	（−1.43）	（−4.16）	（−3.98）
Liqui	0.002	0.002	0.002 **	0.002 ***
	（1.13）	（1.20）	（2.32）	（2.89）
Ndts	−0.010	−0.019	−0.050 ***	−0.052 ***
	（−0.48）	（−0.81）	（−5.73）	（−5.45）
Eps	−0.004 ***	−0.004 ***	−0.004 ***	−0.005 ***
	（−4.24）	（−4.37）	（−11.48）	（−11.41）
Ggstk	0.004 **	0.004 **	0.008 ***	0.008 ***
	（2.57）	（2.41）	（8.28）	（7.31）
Zh	0.021 *	0.012	0.001	0.001
	（1.79）	（1.30）	（0.32）	（1.41）
Invt	0.020 ***	0.025 ***	0.015 ***	0.020 ***
	（3.43）	（3.87）	（5.37）	（6.39）
Constant	0.004	0.007	−0.004 *	−0.005 **
	（0.84）	（1.11）	（−1.81）	（−1.98）
Firm	控制	控制	控制	控制
Year	控制	控制	控制	控制
Ind	控制	控制	控制	控制
N	918	918	4184	4184
R-squared	0.439	0.391	0.313	0.262
F	11.89	9.719	29.85	24.03

注：括号内为 t 值；*** 、** 、* 分别表示 1%、5%、10% 的显著性水平（双尾）。

表 5 - 34 　　　　　PSM 配对后 DID 估计——股权集中度调节效应

变量	第一大股东持股比例较高 (Holder1 = 1)		第一大股东持股比例较低 (Holder1 = 0)	
	(1)	(2)	(3)	(4)
	Compacct	Compind	Compacct	Compind
HKC	0.000 (0.85)	0.001 (1.42)	0.002*** (3.05)	0.002*** (4.07)
Size	-0.001 (-1.17)	-0.000 (-1.33)	-0.001*** (-5.08)	-0.001*** (-5.34)
Roa	0.037*** (7.17)	0.039*** (6.86)	0.036*** (7.65)	0.040*** (7.94)
Debt	-0.002 (-1.34)	-0.001 (-1.10)	-0.005*** (-5.24)	-0.005*** (-4.78)
Liqui	0.003*** (3.05)	0.004*** (3.39)	0.001 (1.14)	0.001 (1.53)
Ndts	-0.043*** (-3.61)	-0.045*** (-3.49)	-0.044*** (-4.07)	-0.048*** (-4.07)
Eps	-0.005*** (-9.34)	-0.005*** (-9.05)	-0.004*** (-8.14)	-0.005*** (-8.49)
Ggstk	0.005*** (4.37)	0.005*** (3.75)	0.008*** (7.14)	0.009*** (6.97)
Zh	0.002 (0.51)	0.002 (0.34)	-0.000 (-0.69)	-0.001 (-0.05)
Invt	0.018*** (4.40)	0.022*** (4.97)	0.016*** (5.02)	0.020*** (5.61)
Constant	0.007** (2.30)	0.010*** (2.83)	-0.012*** (-4.30)	-0.013*** (-4.13)
Firm	控制	控制	控制	控制
Year	控制	控制	控制	控制
Ind	控制	控制	控制	控制
N	2387	2387	2715	2715
R-squared	0.352	0.310	0.344	0.292
F	20.07	16.85	23.15	18.25

注：括号内为 t 值；***、** 分别表示1%、5%的显著性水平（双尾）。

表 5 - 35　　　　**PSM 配对后 DID 估计——内部控制质量调节效应**

变量	内部控制质量较高（Ic = 1）		内部控制质量较低（Ic = 0）	
	(1)	(2)	(3)	(4)
	Compacct	Compind	Compacct	Compind
HKC	0.001 (1.48)	0.001 (1.49)	0.002 *** (3.42)	0.003 *** (3.98)
Size	−0.001 *** (−3.26)	−0.002 *** (−3.17)	0.002 (0.57)	0.001 (0.20)
Roa	0.031 *** (6.26)	0.034 *** (6.20)	0.036 *** (7.09)	0.040 *** (7.07)
Debt	−0.002 (−1.54)	−0.001 (−1.14)	−0.005 *** (−5.45)	−0.005 *** (−5.05)
Liqui	0.001 (1.21)	0.002 * (1.74)	0.002 *** (2.64)	0.003 *** (2.93)
Ndts	−0.056 *** (−4.71)	−0.060 *** (−4.54)	−0.031 *** (−2.99)	−0.034 *** (−3.00)
Eps	−0.005 *** (−10.94)	−0.006 *** (−10.94)	−0.003 *** (−4.01)	−0.003 *** (−4.02)
Ggstk	0.007 *** (4.63)	0.007 *** (4.39)	0.006 *** (6.16)	0.006 *** (5.45)
Zh	0.001 (0.46)	0.002 (0.59)	0.001 (1.10)	0.001 (1.28)
Invt	0.020 *** (5.32)	0.024 *** (5.87)	0.013 *** (3.77)	0.016 *** (4.26)
Constant	0.002 (0.64)	0.003 (0.89)	−0.011 *** (−3.86)	−0.011 *** (−3.27)
Firm	控制	控制	控制	控制
Year	控制	控制	控制	控制
Ind	控制	控制	控制	控制
N	2533	2533	2569	2569
R-squared	0.346	0.302	0.346	0.294
F	21.75	17.79	21.03	16.55

注：括号内为 t 值；*** 、* 分别表示1%、10%的显著性水平（双尾）。

第五节　本章小结

　　本章基于内部治理的视角，利用 2014 年沪港通交易试点这一外生事件，采用 DID 双重差分法实证检验了上市公司内部治理对沪港通交易机制实施与会计信息可比性两者之间关系的影响。本章从上市公司董事会特征、股权结构及内部控制质量三个维度，将全样本进行分组，区分为董事会规模较大组与较小组，独立董事比例较高组与较低组，公司治理中的董事会、监事会与股东大会会议频次较多组与较少组，董事长与总经理两职合一组与两职分离组，股权集中度较高组与较低组，内部控制质量较高组与较低组，分析公司内部治理对沪港通交易机制实施与会计信息可比性关系的具体影响。在稳健性检验中，将沪港通标的公司作为处理组，通过 PSM 的方法选出非沪港通标的公司作为控制组，再利用双重差分模型进行检验，对内部治理各变量分别进行双重差分估计，结果显示，在董事会规模较大、独立董事比例较低、董事会会议次数较多、监事会会议次数较少、股东大会会议次数较多、董事长与总经理为两职合一、股权集中度较低、内部控制质量较低的公司，沪港通交易机制的实施对上市公司会计信息可比性的提升更显著。最后，通过替换会计信息可比性测度指标、倾向得分匹配、使用交乘项检验内部治理变量的调节效应等稳健性测试，结论仍然成立。

　　本章的研究结论对促进我国资本市场健康发展和完善公司治理具有重要借鉴意义。第一，提示政府部门在监管能力所能及的范围内，进一步加大高水平资本市场开放。研究发现，上市公司属于弱内部治理时，可充分发挥沪港通交易机制对会计信息可比性的治理作用，从而促进上市公司的会计信息质量提升。研究结果表明，沪港通交易机制提升会计信息可比性的治理效应受公司已有内部治理水平的影响，强内部治理可以实现沪港通交易机制对会计信息可比性提升的作用。具体而言，内部治理水平较高的公司，沪港通交易机制对会计信息可比性的治理效果不会太明显；而内部治理水平较低的公司，沪港通交易机制对会计信息可比性的治理效应则更明显。第二，投资者可增加关注"弱内部治理"沪港通标的公司，以便更准确有效地评价公司业绩，促进市场公平竞争，促使投资资本流向更具成长性的公司，提升资本配置效率。本章研究发现，在董事会规模较大、独立董事比例较低、董事会会议次数较多、监事会会议次数较少、股东大会会议次数较多、董事长与总经理为两职合一、股权集中度较低、内部控制质量较低的公司，沪港通交易机制的实施对促进上市公司会计信息可比性的提升更显著。这说明沪港通交易机制能在一定程度上弥补经济转型期公司内部治理欠完善和内部控制不健全的缺陷，投资者如能对"弱内部治理"的沪港通公司予以更多关注，便可更好把握极具成长性和投资价值的公司，作出更好的决策。第三，长期来看，我国上市公司在进行公司改革和完善信息披露时，需要积极强化内部治理和建立健全内部控制体系，改善公司治理和信息环境，坚持内涵式发展道路，逐渐弱化对资本市场开放的政策依赖。但本章关于建立在沪港通交易机制的实施会促进会计信息可比性提升，进而促进会计信息质量提升之上的结论，不宜过度解读为必须全面放开股票市场，也不宜过度解读为公司必须长期依赖开放股票市场的政策效果。沪港通交易机制的实施对公司行为的影响是广泛和深远的，还有待从更多维度更加深入地了解和探索。

第六章

资本市场开放、外部治理
与会计信息可比性

第一节　问题的提出

资本市场开放引入了境外机构投资者，对股票市场和实体经济均带来积极影响。我国 2014 年沪港通交易机制的实施使香港及境外投资者进入内地市场，帮助 A 股公司持续改进技术，其对内地市场的有力监督和市场竞争的加剧会倒逼 A 股公司加强内部治理，而 A 股公司为了吸引更多境外投资者，也有强烈的自我改善意愿，会进一步规范公司管理，改善信息质量。本书前面的内容实证检验了沪港通交易机制的实施对公司微观层面会计信息可比性的影响，结果表明沪港通交易机制能显著提升上市公司的会计信息可比性。沪港通交易机制可能通过投资者、审计师、媒体和监管层等多方协同的外部监督，约束经理人的自利行为，发挥其外部治理效应，减少会计政策和会计估计选择；也可能通过境外机构投资者参与公司治理、经理人出于满足投资者更高信息质量的要求、缓解融资约束、声誉机制或规避会计信息违规风险等动机，发挥其内部治理效应，促使管理层改善会计信息质量的动力增强，更加勤勉、自律地遵循会计准则的规定核算经济业务，提升公司的会计信息可比性。随后的进一步研究还表明，上市公司的内部治理环境，如公司的董事会、监事会与股东大会运作机制等治理结构和监管体系以及作为公司治理基础环境的内部控制均会对沪港通与公司会计信息可比性的关系产生影响，在董事会规模较大、独立董事比例较低、董事会会议次数较多、监事会会议次数较少、股东大会会议次数较多、董事长与总经理为两职合一、股权集中度较低、内部控制质量较低的公司，沪港通交易机制的实施对促进上市公司会计信息可比性的提升更显著。既然内部治理水平高低不同的公司之间，沪港通交易机制的实施对公司会计信息可比性的提升具有显著差异，那么，上市公司的外部治理环境是否会对沪港通与公司会计信息可比性的关系产生影响？这是本书要进一步研究的问题。本章主要探讨上市公司外部治理机制对沪港通交易机制与会计信息可比性之间关系的影响。具体地，上市公司的分析师关注度、地区市场化进程以及行业竞争程度等外部治理机制是否会影响沪港通提升会计信息可比性的效果？或者说，在面临的外部环境参差不齐的公司之间，沪港通交易机制的实施对公司会计信息可比性的提升是否具有显著差异？

已有文献对于资本市场开放的经济后果研究主要集中在资本市场运行效率、实体经济、市场反应、审计监管等方面（严佳佳等，2015；闫红蕾和赵胜民，2016；钟覃琳等，2018；潘越和戴亦一，2008；覃家琦等2016；罗春蓉等，2017；Liu et al.，2016；华鸣和孙谦，2018；郭阳生等，2018；罗棪心等，2018；周冬华等，2018），孙光国和杨金凤（2017）研究发现境外机构投资者持股能提升会计信息可比性，本书已实证发现沪港通互联互通交易试点能提升上市公司会计信息可比性。已有文献对公司外部治理与会计信息质量之间的关系研究，主要集中在主管部门和审计机构监管、制度环境、准则实施和政治关联等方面，研究发现，分析师关注能减少管理者与股东之间的信息不对称问题（Lafond et al.，2008），具有外部监督效应（潘越等，2011；宫义飞，2011），分析师关注有利于遏制经理层的短期盈余管理行为，其对现任和未来股东利益的关注，有利于保护未来股东的利益（赵玉洁，2013），能缓解管理者和股东的信息不对称问题，成为重要的外部监督力量，极大地约束管理层的自利行为，减少企业的盈余管理（李春涛等，2014）；较高的市场化程度约束了企业盈余管理行为，市场化进程对会计信息质量具有正向促进作用（刘永泽等，

2013）；戴利亚和帕克（Dalia and Park，2009）对美国制造业企业的研究发现，处于竞争性行业的上市公司应计操纵利润的绝对值更低，公司在产品市场上的定价能力和行业集中程度会在很大程度影响上金融分析师对公司盈余管理水平的预测（Datta and Sharma，2011），会计信息可比性促进商业信用融资只在较低市场地位、较高行业竞争程度的企业中存在（张勇，2017），竞争越激烈的行业，其相应的总体盈余管理水平也越高（周夏飞和周强龙，2014），如果内部治理结构不完善，产品市场竞争会进一步降低信息披露质量（宁家耀和李军，2012），产品市场竞争水平越高，公司投资效率越高，产品市场竞争程度越高，会计信息质量对投资效率的促进作用越弱，产品市场竞争与会计信息质量之间存在替代关系（刘晓华和张利红，2016）。可见，已有文献对于资本市场开放的经济后果以及外部治理机制对公司盈余管理或会计信息质量的影响研究成果较多，虽然研究结论不尽相同甚至截然相反，但该系列探索极大地丰富了本主题的研究成果；鉴于较少文献关注外部治理对沪港通交易试点与会计信息可比性关系的影响，同时为使"沪港通交易机制的实施对会计信息可比性的影响"这一研究主题的探讨更深入、更全面，本章将外部治理、沪港通交易机制与会计信息可比性三者置于同一框架进行进一步研究。

分析师作为资本市场的信息使用者和信息提供者，在充当双重角色的过程中，能缓解管理者与股东的信息不对称问题，成为重要的外部治理力量，极大地约束管理层的自利动机；较高的市场化程度能约束企业的盈余管理行为，市场化进程对会计信息质量具有正向促进作用；市场竞争水平能约束管理层对财务信息的误报行为（BalaKrishnan and Cohen，2011）。沪港通政策的实施，引入了众多的境外机构投资者，加剧了市场参与者如媒体、审计师、分析师和行业监管等外部监督，缓解了管理者与股东之间的信息不对称，减少了管理层因自利而操纵、选择会计政策的可能性，促使公司积极遵守会计准则规定，按照相关程序和方法如实客观地生成对应会计信息，体现出经济业务的相似性和差异性，从而增强了会计信息的可比性；但是，在外部环境参差不齐的公司之间，沪港通交易机制的实施对公司会计信息可比性的提升是否具有显著差异？上市公司的分析师关注度、地区市场化进程以及行业竞争程度等外部治理机制是否会影响沪港通提升会计信息可比性的效果？因此，继第五章探讨了内部治理机制对沪港通与上市公司会计信息可比性关系的影响之后，本章将视角转向公司外部，进一步研究分析师关注度、地区市场化进程以及行业竞争程度等外部公司治理机制对沪港通与会计信息可比性的影响。

基于以上分析，本章利用2014年沪港通试点的准自然实验，研究了外部治理对沪港通与会计信息可比性关系的影响。借鉴陈等（2012）、罗栋心等（2018）的研究思路，采用在模型中加入公司固定效应的双重差分方法，从上市公司的分析师关注度、所处地区的市场化进程以及行业竞争程度三个方面，将全样本进行分组，分别区分为分析师关注较多组与较低组、市场化进程较高组与较低组、行业竞争较激烈与较温和组，进一步分析公司外部治理对沪港通交易机制实施与会计信息可比性的具体影响。在最后的稳健性检验中，将沪港通标的公司作为处理组，通过PSM的方法选出非沪港通标的公司作为控制组，再利用双重差分模型进行检验，结果表明，在分析师关注度较低、所在地区市场化进程较低与行业竞争较温和的公司，沪港通交易机制的实施对上市公司会计信息可比性的提升更显著。

本章可能的贡献在于：第一，从外部治理的视角考察沪港通交易试点对上市公司会计信息可比性的影响，将外部治理、沪港通交易机制与会计信息可比性三者置于同一个框架进行研究，丰富了该主题的研究成果。本章从上市公司的分析师关注程度、所处地区的市场化进程以及行业竞争程度三个方面，分别进行分组回归，研究发现，在分析师关注度较低、所在地区市场化进程较低与行业竞争较温和的公司，沪港通交易机制的实施对上市公司会计信息可比性的提升更显著，这是对已有沪港通交易机制与会计信息可比性研究的重要补充。第二，基于沪港通交易机制实施的视角，研究资本市场开放对公司会计信息可比性的影响，拓展了会计信息可比性的影响因素分析范式。已有研究较多关注会计准则宏观制度层面对会计信息质量的影响，现有研究开始关注经营环境、公司战略及治理结构、客户与供应商、交易特征、投资者行为、审计监管以及管理层动机等中微观因素对会计信息可比性的影响，但鲜有文献从资本市场开放的宏观政策层面进行考察。第三，本章的研究结论为完善公司外部治理提供了微观证据，为新兴市场国家有关部门进一步高水平开放资本市场、加强分析师行业监管、推进市场化改革以及为投资者和监管层从产业组织层面规范行业竞争、理解公司的会计信息可比性提供有益参考。

本章后续安排如下：第二节进行理论分析并提出研究假设；第三节从样本选择和模型设计及变量选取方面进行研究设计；第四节进行实证分析，包括样本及变量的描述性统计、主要假设的验证，并探究分析师关注度、所处地区市场化进程以及行业竞争程度对沪港通实施与上市公司会计信息可比性关系的影响；最后得出本章的结论。

第二节　理论分析与研究假设

一、分析师关注度、资本市场开放与会计信息可比性

分析师充当着资本市场中信息使用者和信息提供者的双重角色，主要通过信息渠道与治理渠道（张纯和吕伟，2009；Yu，2008）影响公司财务行为（Barth et al.，2001），那么，分析师作为联结投资者、市场与上市公司的重要信息中介，又是否以及如何影响沪港通交易机制实施与会计信息可比性这二者之间的关系呢？

沪港通交易机制可能通过投资者、审计师、媒体和监管层等多方协同监督的外部治理效应，约束公司经理人的自利行为；也可能通过境外机构投资者参与公司治理、经理人出于满足投资者更高信息质量的要求、缓解融资约束或规避会计信息的违规风险等动机的内部治理效应，增强管理层改善信息披露的意愿，更勤勉、谨慎、自觉地遵循会计准则的规定，减少会计政策和会计估计选择，进而提升公司的会计信息可比性，实现沪港通交易机制对信息披露行为的治理效应。

根据布山（Bhushan，1989）的理论框架，分析师关注调节沪港通与会计信息可比性的路径可能与分析师的信息效应和治理效应有关。一方面，分析师作为上市公司财务信息使用者，会在资本市场中传播和解读上市公司公开信息，会利用所跟踪企业提供的可比会计信息进行同业比较分析；另一方面，分析师为了满足投资客户的需求，借助其所拥有的普通个人投资者所不具备的财务会计学、金融学和特定行业专门业务知识，跟踪关注上市公司，做好实地调研、定期走访、数据收集与加工，挖掘、发现和提供市场上尚未出现的专属私人新信息（吕敏康等，2018），以便及时准确地提供含有更多公司特质信息的分析报告。这些报告中的公司特质信息可以包含在股票价格中，减少信息不对称问题（Lafond et al.，2008），也具有外部监督效应（潘越等，2011；宫义飞，2011）。可见，分析师在资本市场扮演信息使用者和信息提供者双重角色的过程中，能缓解信息不对称问题，也成为重要的外部治理力量，极大地约束了管理层的自利动机，减少了企业的盈余管理（李春涛等，2014），促使公司积极遵守会计准则规定，提高信息透明度，并按照相关程序和方法如实客观地生成对应会计信息，体现出经济业务的相似性和差异性，增强了会计信息的可比性。

可见，较多的分析师关注也可以实现沪港通交易机制对会计信息可比性提升的功能，分析师关注对沪港通交易机制的公司治理作用具有替代效应。分析师关注度较高的公司，信息总量和信息渠道较多，分析师的治理效应也较明显，信息不对称和代理冲突得到缓解，公司的盈余管理行为减少（Sun，2009），公司控股股东和经理人的自利动机已经得到约束，此时，沪港通交易机制的治理效果就不会太明显；而分析师关注度较低的公司，信息不对称和代理问题可能仍较突出，此时，引入沪港通交易机制对公司治理的边际贡献较高，沪港通交易机制的治理效应则更明显。所以，沪港通交易机制提升公司会计信息可比性的治理效应受到分析师关注程度的影响。基于以上分析，提出本章假设6-1。

H6-1：相对于分析师关注度较高的上市公司，分析师关注度较低的上市公司，沪港通交易机制的实施对会计信息可比性的提升更显著。

二、地区市场化进程、资本市场开放与会计信息可比性

较高的市场化程度约束了企业盈余管理行为，市场化进程对会计信息质量具有正向促进作用（刘永泽等，2013）。我国存在明显差异的地区市场化进程，作为一个重要的外部环境变量是否会对沪港通交易机制与会计信息可比性的关系产生影响？市场化进程较高，会计信息透明度较高，发生股价崩盘的风险越小（施先旺等，2014），基于降低代理成本、诉讼风险和成本的考虑，企业会选择披露高质量的会计信息。可见，由于受资源禀赋、地理区位、政府政策和发展基础等因素影响，各地区的市场化进程呈现差异，其对会计信息可比性所发挥的作用也有所差异，这可能导致在不同市场化程度的地区，沪港通交易机制对会计信息可比性的影响也不尽相同。

信息不对称的存在引发内部人和外部人的代理冲突，而缓解代理冲突的有效方式是契约安排和会计信息披露。契约安排的功能在于通过调整各方的动机，更好地降低代理成本（科塔里和利斯，2009）。但契约安排的有效性至少在一定程度上依赖于会计信息披露。在市场化程度较高的国家和地区，良好的法制环境、较少的政府干预，以及有效的产权保护，决定了市场能够发挥配置资源（包括会计信息）的基础性作用。在这种市场环境中，为上市公司提供了更优外部竞争环境的同时，也带来了更多的外部竞争压力和信息披露压力，这促使公司的盈余管理行为很容易被市场识别，这不仅可能会加剧契约各方的代理冲突，提高代理成本，而且企业可能面临较高的会计信息诉讼风险和成本。因此，这会抑制管理层由于自利而操纵会计政策选择的行为（Leuz，2003）；基于降低代理成本、诉讼风险和成本的考虑，企业会选择按规定核算经济业务活动，对同类交易或事项的计量和列报，都采用一致的方法，以便节约信息使用者的信息比较等处理成本，准确地评价本公司业绩和发展趋势；公司管理层基于声誉机制和违规成本的考虑，生成、披露可比会计信息的动力增强，会更勤勉、自觉地遵守可比性会计信息质量的要求，对同类经济事项按照相同的会计程序与方法来确认和报告，从而披露高可比性的会计信息。可见，较高的市

场化程度约束了企业操纵和选择会计政策的自利行为，促使公司遵守会计准则的规定，规范具体会计行为，按照现定的会计处理方法进行会计核算，保证会计指标元素口径一致，对同类交易或事项的核算采用相同的方法，对不同经济业务充分反映其差异特征，使会计信息可比性得以被动提升。而在市场化程度较低的国家和地区，不完备的法律制度、较多的政府干预以及低效的产权保护，决定了市场很难发挥其应有的作用，较低的市场化程度降低了对企业盈余管理的约束（刘永泽等，2013）。在这种市场环境下，市场识别和反映会计信息的能力较弱，而法制的不完备又降低了会计信息诉讼风险和成本。因此，企业缺乏动力披露高可比性的会计信息。

沪港通交易机制实施后，境外机构投资者会更加重视会计信息系统在减少代理冲突中所发挥的信息作用，他们经验丰富且较理性，通常同时投资多家公司，为节约信息处理成本和提高投资效率，对财务报表关注程度上升且对会计信息可比性要求提高；加之信息环境的改善和外部监督加强，使公司的会计信息诉讼风险和违规成本上升，这促使上市公司减少对会计政策的随意选择，从而遵从会计准则的规定提供真实可比的会计信息。可见，较高的市场化进程也可以实现沪港通交易机制对公司会计信息可比性提升的功能，市场化程度对沪港通交易机制提升公司会计信息可比性具有替代效应。公司所处地区的市场化进程较高，信息不对称和代理冲突得到缓解，公司已较高程度遵守会计准则的规定，保证会计指标元素口径一致，对同类交易或事项的核算采用相同的方法，对不同经济业务充分反映其差异特征，从而会计信息可比性已得到提升，此时，沪港通交易机制提升公司会计信息可比性的效果就不会太明显；而所处市场化进程较低地区的公司，市场识别和反映会计信息的能力较弱，而法制的不完备又降低了会计信息诉讼风险和成本，会计信息可比性提升的空间较大，此时，引入沪港通交易机制试点对公司治理的边际贡献较高。所以，沪港通交易机制提升会计信息可比性的政策效果受到公司所处地区市场化程度的影响且该效果在市场化程度较低时更明显。由此，提出本章假设 6 - 2。

H6-2：相对于市场化程度较高地区的上市公司，市场化程度较低地区的上市公司，沪港通交易机制的实施对会计信息可比性的提升更显著。

三、行业竞争程度、资本市场开放与会计信息可比性

产品市场竞争既是一种市场竞争机制，也是一种公司外部治理机制。产品市场竞争可能会由于破产威胁效应和代理成本效应而共同影响股东和经理层的行为（张传财等，2017），其激烈程度会影响公司管理层的受监督程度，外部产品市场竞争越激烈，其对公司管理层的监督程度越大（蒋荣等，2007）。产品市场竞争还能够降低企业代理成本，提升代理效率（姜付秀等，2009），促使管理层更加努力工作，提高公司绩效（陈红和王磊，2014），产品市场适度竞争能有效提高会计信息质量（王雄元和刘焱，2008）。同时，在产品市场竞争程度高的环境中，管理者风险管控意识更强，管理者能力的作用更能体现（沈烈和郭阳生，2017）。可见，现有文献从代理效率、公司绩效和会计信息质量特征等方面验证了市场竞争的外部治理效应，从而间接支持了行业竞争能提升会计信息可比性的理论推断。因此，从信号机制和约束机制的角度看，产品市场竞争通过缓解管理者与股东之间的代理问题，促进公司治理功能发挥，达到提高公司信息披露水平，提高财务信息质量的效果。当外部产品市场竞争程度较高时，信息使用者从竞争的同行企业中获取的信息量更大，公司迫于资本市场的压力，会改善信息质量，增加信息披露，公司管理者也会足够重视激烈竞争带来的风险，会更勤勉、努力地工作，会更积极、自律地遵守会计准则规定，当经济业务相同时，同一企业会采用与之前相同或相似的会计程序与方法、不同企业也会采用相同的会计程序与方法进行核算，反映其业务内容的相似性；反之，当经济业务不同时，同一企业和不同企业会根据准则的相关规定，充分反映业务内容的差异性，从而使同一企业的不同时期以及同一时期的不同企业间会计信息可比性显著提升。可见，较高的行业竞争程度可以提升上市公司的会计信息可比性。

沪港通交易机制引入了香港及境外机构投资者，他们会更加重视会计信息系统在减少代理冲突中所发挥的信息作用，为节约信息处理成本和提

高投资效率，他们对财务报表关注程度上升且对会计信息可比性要求提高；加之信息环境的改善和外部监督加强，使公司的会计信息诉讼风险和违规成本上升，这促使上市公司重视会计信息质量，积极、努力地遵从会计准则的规定，减少对会计政策的随意选择，从而提供真实可比的会计信息。但当外部行业竞争较激烈时，迫于资本市场的监督压力，激烈的产品市场竞争环境促使管理者与股东之间的信息不对称和代理冲突得到缓解，市场竞争已经发挥了较为充分的外部治理效应，使得公司管理者更加尽职尽责，更积极、自律地遵守会计准则的规定，更有动力提供出可比性较强的会计信息，表现为对同类交易或事项的核算采用相同的方法，对不同经济业务充分反映其差异特征，保证会计指标元素口径一致，从而使相同企业前后期间以及不同企业相同期间的会计信息可比性增强，此时，沪港通交易机制的实施对公司会计信息可比性提升的边际贡献较小；相反，当外部行业竞争较温和时，管理者与股东之间的信息不对称和代理问题仍较严重，市场竞争发挥的外部治理效应较为有限，公司会计信息可比性提升的空间仍然较大，此时，沪港通交易机制的实施对公司信息质量的治理效果会表现得较为明显。所以，沪港通交易机制的实施对上市公司会计信息可比性的提升程度受到公司所在行业竞争程度的影响且该影响在上市公司所处的行业竞争程度较低时更明显。由此，提出本章假设6-3。

H6-3：相对于行业竞争激烈的上市公司，行业竞争温和的上市公司，沪港通交易机制的实施对会计信息可比性的提升更显著。

第三节　研究设计

一、样本选择与数据来源

本章以2010~2017年为样本期间，以沪港通标的公司作为处理组，以沪、深两市非标的公司作为控制组，从分析师关注度、地区市场化进程以及行业竞争程度三个维度，采用 DID 模型检验外部治理对沪港通交易机制实施与会计信息可比性关系的影响。本章对初始样本做了如下处理：（1）剔除金融保险业及 ST、*ST 样本；（2）计算会计信息可比性时剔除没有配对公司的样本；（3）剔除财务数据存在缺失值的样本；（4）对所有连续变量在 1% 和 99% 分位点进行缩尾处理。本章数据主要来自国泰安数据库（CSMAR）和万得数据库（Wind）。

二、实证模型与变量定义

借鉴陈等（2012）、罗棪心等（2018）的研究思路，本章采用在模型中加入公司固定效应的双重差分方法，构建如下双重差分（DID）模型，检验分析师关注度、所处地区市场化进程以及行业竞争程度等外部治理机制对沪港通与会计信息可比性关系的影响。

$$
\begin{aligned}
Compacct_{i,t}/Compind_{i,t} = {} & \beta_0 + \beta_1 HKC_{i,t} + \beta_2 Analyst_{i,t} + \beta_3 Size_{i,t} + \beta_4 Roa_{i,t} \\
& + \beta_5 Debt_{i,t} + \beta_6 Liqui_{i,t} + \beta_7 Ndts_{i,t} + \beta_8 Eps_{i,t} \\
& + \beta_9 Ggstk_{i,t} + \beta_{10} Zh_{i,t} + \beta_{11} Invt_{i,t} + \sum Firm \\
& + \sum Year + \sum Ind + \varepsilon_{i,t} \quad\quad (6-1)
\end{aligned}
$$

$$
\begin{aligned}
Compacct_{i,t}/Compind_{i,t} = {} & \beta_0 + \beta_1 HKC_{i,t} + \beta_2 Market_{i,t} + \beta_3 Size_{i,t} + \beta_4 Roa_{i,t} \\
& + \beta_5 Debt_{i,t} + \beta_6 Liqui_{i,t} + \beta_7 Ndts_{i,t} + \beta_8 Eps_{i,t} \\
& + \beta_9 Ggstk_{i,t} + \beta_{10} Zh_{i,t} + \beta_{11} Invt_{i,t} + \sum Firm \\
& + \sum Year + \sum Ind + \varepsilon_{i,t} \quad\quad (6-2)
\end{aligned}
$$

$$
\begin{aligned}
Compacct_{i,t}/Compind_{i,t} = {} & \beta_0 + \beta_1 HKC_{i,t} + \beta_2 Hhi_{i,t} + \beta_3 Size_{i,t} + \beta_4 Roa_{i,t} \\
& + \beta_5 Debt_{i,t} + \beta_6 Liqui_{i,t} + \beta_7 Ndts_{i,t} + \beta_8 Eps_{i,t} \\
& + \beta_9 Ggstk_{i,t} + \beta_{10} Zh_{i,t} + \beta_{11} Invt_{i,t} + \sum Firm \\
& + \sum Year + \sum Ind + \varepsilon_{i,t} \quad\quad (6-3)
\end{aligned}
$$

（一）被解释变量

模型中的被解释变量（*Compacct/Compind*）为会计信息可比性，仍借鉴德–弗兰科等（2011）构建的回归模型进行测度。具体测度方法与本书

第四章相同。

（二）解释变量

（1）沪港通标的公司 $HKC_{i,t}$。当公司 i 在 t 年为沪港通标的公司时取值1，否则取 0。

（2）分析师关注度 Analyst。采用参与盈余预测的券商团队数量的对数衡量。

（3）市场化进程 Market。采用王小鲁、余静文和樊纲 2016 年发布的市场化进程指数，对于该指数中尚未发布年份的数据，本章借鉴大多数文献的做法，用上一年度的指数进行填充。

（4）行业竞争程度 Hhi。借鉴邢立全和陈汉文（2013）、姜付秀等（2009）的做法，采用赫芬达尔—赫希曼指数衡量行业竞争程度。Hhi 指数越小，市场竞争越激烈。

（三）控制变量

本章研究所涉及的控制变量，参考弗朗西斯等、谢盛纹和刘杨晖的研究思路，与本书第四章相同，同时控制了公司固定效应和行业、年度。模型中主要变量具体定义见表 6－1。

表 6－1　　　　　　　　　　　主要变量定义表

变量符号	变量定义
Compacct	会计信息可比性的平均值，借鉴德－弗兰科等（2011）的回归模型计算所得
Compind	会计信息可比性的中位数，借鉴德－弗兰科等（2011）的回归模型计算所得
HKC	若公司 i 在 t 年为沪港通交易机制试点标的公司，取值为1，否则为0
Analyst	参与盈余预测的券商团队数量的对数
Market	采用王小鲁、余静文和樊纲 2016 年发布的市场化进程指数
Hhi	赫芬达尔－赫希曼指数，按照其同年度同行业的中位数，将产品市场竞争程度分为高低两组，Hhi 低于中位数取1，否则取0
Size	总资产的自然对数
Roa	净利润/总资产

续表

变量符号	变量定义
Debt	资产负债率
Liqui	现金替代物，现金替代物 =（营运资本 – 货币资金）/总资产
Ndts	非债务税盾，非债务税盾 = 固定资产折旧/总资产
Eps	每股收益
Ggstk	高管持股比例
Zh	股权制衡度，股权制衡度 = 第一大股东持股比例/第二大股东持股比例
Invt	投资支出率，公司该年购建固定资产、无形资产和其他长期资产支付的现金/年末总资产
Firm	公司虚拟变量
Year	年度虚拟变量
Ind	行业虚拟变量

第四节 实证分析

一、描述性统计及相关性分析

表6－2为描述性统计结果。其中，被解释变量为会计信息可比性 Compacct、Compind，解释变量为沪港通 HKC，各控制变量的统计结果与本书第四章相同。分析师关注度 Analyst 的均值为0.913，最小值为0，最大值为3.584，说明每个上市公司平均被4.322个券商团队关注或跟踪，上市公司在分析师跟进方面的信息环境差异较大；市场化进程指数（Market）的均值为7.844，中位数为8.070，最小值为2.870，最大值为9.950，说明我国各个地区之间的市场化进程差距较大；行业竞争程度（Hhi）均值为0.527，说明有52.70%的上市公司面临较激烈的行业竞争。其他变量的描述性统计结果都较为合理，与近年来相关文献较为相似。

表 6 - 2   描述性统计

变量	数量	均值	标准差	最小值	最大值	p25	p50	p75
Compacct	7683	-0.017	0.008	-0.044	-0.005	-0.020	-0.015	-0.011
Compind	7683	-0.015	0.008	-0.045	-0.004	-0.018	-0.013	-0.009
HKC	7683	0.176	0.381	0	1	0	0	0
Analyst	7683	0.913	1.155	0	3.584	0	0	1.946
Market	7683	7.844	1.709	2.870	9.950	6.620	8.070	9.350
Hhi	7683	0.527	0.499	0	1	0	1	1
Size	7683	22.04	1.426	19.11	26.95	21.04	21.84	22.80
Roa	7683	0.040	0.055	-0.186	0.201	0.014	0.037	0.067
Debt	7683	0.437	0.226	0.046	0.978	0.254	0.425	0.607
Liqui	7683	0.037	0.212	-0.569	0.535	-0.096	0.046	0.178
Ndts	7683	0.020	0.015	0	0.070	0.008	0.016	0.028
Eps	7683	0.384	0.468	-0.880	2.220	0.100	0.290	0.575
Ggstk	7683	0.142	0.210	0	0.698	0	0.003	0.274
Zh	7683	10.04	17.38	1	112.9	1.769	3.703	9.665
Invt	7683	0.052	0.049	0	0.241	0.016	0.037	0.073

主要变量的相关性系数见表 6 - 3，其中，被解释变量 *Compacct*、*Compind* 与解释变量 *HKC*、调节变量分析师关注度 *Analyst*、地区市场化进程 *Market* 以及行业竞争程度 *Hhi* 均存在显著的关系，初步证明了外部治理与沪港通交易机制的实施以及会计信息可比性之间的显著相关性，解释变量 *HKC* 与控制变量 *Size*、*Roa*、*Debt*、*Liqui*、*Ndts*、*Eps*、*Ggstk*、*Zh*、*Inv* 之间的相关系数均小于 0.5，说明两者之间不存在严重的多重共线性，被解释变量 *Compacct*、*Compind* 与控制变量的相关系数均存在显著的关系，说明控制变量的选取较合适，本章将通过多元线性回归分析来进一步解释分析师关注度 *Analyst*、地区市场化进程 *Market* 以及行业竞争程度 *Hhi* 等公司外部治理对沪港通交易机制的实施与上市公司会计信息可比性之间关系的影响。

表 6 - 3

主要变量的 Pearson 相关系数

变量	HKC	Analyst	Market	Hhi	Compacct	Compind	Size	Roa	Debt	Liqui	Ndts	Eps	Ggstk	Zh	Inut
HKC	1														
Analyst	0.196***	1													
Market	0.075***	0.048***	1												
Hhi	0.127***	0.120***	-0.036***	1											
Compacct	0.085***	0.071***	0.069***	-0.052***	1										
Compind	0.089***	0.063***	0.072***	-0.049***	0.975***	1									
Size	0.354***	0.234***	0	0.203***	-0.260***	-0.247***	1								
Roa	0.028***	0.357***	0.095***	-0.00300	0.174***	0.164***	-0.059***	1							
Debt	0.121***	-0.156***	-0.128***	0.126***	-0.332***	-0.315***	0.484***	-0.404***	1						
Liqui	-0.062***	0.050***	0.167***	-0.118***	0.201***	0.201***	-0.248***	0.275***	-0.566***	1					
Ndts	0.018**	-0.092***	-0.121***	0.060***	-0.124***	-0.116***	0.045***	-0.141***	0.075***	-0.372***	1				
Eps	0.087***	0.411***	0.085***	0.047***	-0.081***	-0.090***	0.131***	0.734***	-0.195***	0.172***	-0.167***	1			
Ggstk	-0.148***	0.098***	0.179***	-0.109***	0.201***	0.197***	-0.340***	0.211***	-0.373***	0.290***	-0.176***	0.177***	1		
Zh	0.027***	-0.094***	-0.088***	0.0120	-0.026**	-0.0170	0.130***	-0.085***	0.146***	-0.094***	0.099***	-0.090***	-0.211***	1	
Inut	-0.048***	0.197***	-0.054***	0.00400	0.081***	0.086***	-0.043***	0.125***	-0.097***	-0.131***	0.244***	0.102***	0.131***	-0.073***	1

注：***、**分别表示1%、5%的显著性水平。

二、多元回归分析

（一）分析师关注的影响

分析师是联结投资者、市场与上市公司的重要信息中介，其关注度不同，所发挥的信息效应和治理效应也会不同，对沪港通交易机制治理作用的影响也会因此有所不同。为了探究分析师关注对沪港通交易机制与会计信息可比性之间关系的影响，本部分根据分析师关注高低将全样本分为分析师关注高组和分析师关注低的组①，分别进行回归，结果如表 6 - 4 所示。在分析师关注度高组，沪港通 *HKC* 的系数不显著；而在分析师关注度低组，沪港通 *HKC* 的系数在 1% 的水平上显著为正。这表明在分析师关注度低的公司，沪港通机制提升会计信息可比性的效果更显著，假设 6 - 1 得到验证。可能的原因是，在分析师关注度更高的公司，分析师发挥了较好的信息效应和治理效应，公司信息环境和内部治理得到改善，已经一定程度约束了控股股东和管理层的自利行为，降低了随意选择会计政策的可能性，这时，沪港通交易机制的治理效应可能就会不太明显；相反，在分析师关注度更低的公司，分析师发挥的信息效应和治理效应较弱，公司的信息不对称和代理问题仍较严重，此时，引入沪港通交易机制试点对公司治理的边际贡献较高。回归结果表明，完善的信息环境与沪港通交易机制的实施具有替代效应。

表 6 - 4　　分析师关注度对沪港通与会计信息可比性关系的影响

变量	分析师关注度高		分析师关注度低	
	（1）	（2）	（3）	（4）
	Compacct	*Compind*	*Compacct*	*Compind*
HKC	0.001 (0.29)	0.013 (0.01)	0.001 *** (3.21)	0.002 *** (3.43)

① 先计算同年度同行业所有企业分析师关注度的中位数，当企业的分析师关注度大于中位数，定义企业分析师关注度为高；反之，则企业分析师关注度为低。

续表

变量	分析师关注度高		分析师关注度低	
	(1)	(2)	(3)	(4)
	Compacct	*Compind*	*Compacct*	*Compind*
Size	-0.002*** (-17.10)	-0.002*** (-17.45)	0.000*** (3.85)	0.001*** (4.18)
Roa	0.008** (2.48)	0.009** (2.47)	0.033*** (9.25)	0.036*** (9.51)
Debt	0.003*** (3.76)	0.004*** (4.21)	-0.006*** (-8.44)	-0.006*** (-7.93)
Liqui	0.001* (1.93)	0.002*** (2.59)	0.003*** (4.71)	0.004*** (5.24)
Ndts	-0.024*** (-2.95)	-0.023** (-2.51)	-0.041*** (-4.79)	-0.046*** (-4.93)
Eps	-0.004*** (-12.63)	-0.004*** (-12.59)	-0.001** (-2.54)	-0.002*** (-2.76)
Ggstk	0.005*** (6.67)	0.005*** (6.23)	0.005*** (5.68)	0.004*** (4.80)
Zh	0.001*** (4.48)	0.002*** (4.62)	0.001* (1.74)	0.000** (1.97)
Invt	0.007*** (3.22)	0.009*** (3.83)	0.017*** (6.21)	0.020*** (6.72)
Constant	0.027*** (11.76)	0.032*** (12.66)	-0.019*** (-7.17)	-0.020*** (-7.21)
Firm	控制	控制	控制	控制
Year	控制	控制	控制	控制
Ind	控制	控制	控制	控制
N	4480	4480	3203	3203
R-squared	0.437	0.388	0.410	0.372
F	54.30	44.42	34.62	29.49

注：括号内为 t 值；***、**、* 分别表示 1%、5%、10% 的显著性水平（双尾）。

（二）地区市场化进程的影响

为了探究地区间市场化差异对沪港通交易机制与会计信息可比性之间关系的影响，本部分根据市场化程度高低将全样本分为市场化程度高组和市场化程度低组①，分别进行回归，结果如表 6 – 5 所示。在市场化程度较高组，沪港通 HKC 的系数不显著；而在市场化程度较低组，沪港通 HKC 的系数在 1% 的水平上显著为正。这表明公司所处地区的市场化程度较低时，沪港通机制提升会计信息可比性的效果更显著，本章假设 6 – 2 得到验证。可能的原因是，公司所处地区的市场化进程较高，市场竞争较充分，政府干预较少，监管效率与法律法规执行效率也较高，信息不对称和代理冲突得到缓解，公司已较高程度遵守会计准则的规定，保证会计指标元素口径一致，对同类交易或事项的核算采用相同的方法，对不同经济业务充分反映其差异特征，从而会计信息可比性已得到提升，此时，沪港通交易机制提升公司会计信息可比性的效果就不会太明显；而所处市场化进程较低地区的公司，市场识别和反映会计信息的能力较弱，而法制的不完备又降低了会计信息诉讼风险和成本，会计信息可比性提升的空间较大，此时，引入沪港通交易机制试点对公司治理的边际贡献较高。

表 6 – 5　　地区市场化进程对沪港通与会计信息可比性关系的影响

变量	地区市场化进程高		地区市场化进程低	
	（1）	（2）	（3）	（4）
	Compacct	*Compind*	*Compacct*	*Compind*
HKC	0.001 (1.40)	0.001 (1.52)	0.002 *** (3.36)	0.002 *** (3.41)
Size	– 0.001 *** （– 7.03）	– 0.001 *** （– 6.84）	– 0.002 * （– 1.70）	– 0.000 * （– 1.91）
Roa	0.030 *** (9.73)	0.033 *** (9.92)	0.034 *** (9.51)	0.039 *** (9.77)

---

① 先计算同年度同行业所有企业市场化程度的中位数，当企业所处地区的市场化程度大于中位数，定义企业市场化程度为高；反之，则企业市场化程度为低。

变量	地区市场化进程高		地区市场化进程低	
	(1)	(2)	(3)	(4)
	Compacct	*Compind*	*Compacct*	*Compind*
Debt	0.000 (0.49)	0.001 (0.66)	−0.004 *** (−4.16)	−0.003 *** (−3.25)
Liqui	0.003 *** (3.88)	0.003 *** (4.31)	0.003 *** (4.13)	0.004 *** (4.89)
Ndts	−0.040 *** (−5.08)	−0.045 *** (−5.15)	−0.045 *** (−4.65)	−0.046 *** (−4.32)
Eps	−0.004 *** (−13.16)	−0.005 *** (−13.76)	−0.004 *** (−11.35)	−0.005 *** (−11.43)
Ggstk	0.004 *** (5.83)	0.004 *** (4.95)	0.007 *** (6.97)	0.007 *** (6.74)
Zh	0.001 (1.30)	0.002 (1.42)	0.001 *** (4.34)	0.003 *** (4.57)
Invt	0.014 *** (6.44)	0.018 *** (7.21)	0.014 *** (5.28)	0.017 *** (5.91)
Constant	0.004 ** (1.99)	0.006 ** (2.34)	−0.005 ** (−2.11)	−0.005 (−1.59)
Firm	控制	控制	控制	控制
Year	控制	控制	控制	控制
Ind	控制	控制	控制	控制
N	4062	4062	3621	3621
R-squared	0.387	0.330	0.347	0.299
F	40.01	31.22	30.53	24.44

注：括号内为 t 值；***、**、* 分别表示 1%、5%、10% 的显著性水平（双尾）。

（三）行业竞争程度的影响

为了进一步考察上市公司外部治理环境对沪港通交易机制与会计信息可比性之间关系的影响，本部分根据行业竞争程度将全样本分为行业竞争激烈组和行业竞争温和组①，分别进行回归，结果如表6-6所示。在行业竞争激烈组，*HKC* 的系数不显著；而在行业竞争温和组，*HKC* 的系数均在1%的水平上显著为正。这表明在行业竞争温和的公司，沪港通交易机制的实施对会计信息可比性的提升效果更显著，假设6-3得到验证。回归结果表明，激烈的行业竞争与沪港通交易机制的实施具有替代关系。可能的原因是，行业竞争程度较高的公司，市场竞争已经发挥了较为充分的外部治理效应，管理者与股东之间的信息不对称和代理冲突得到缓解，公司管理者在激烈的产品市场竞争环境下，更积极努力、尽职尽责地遵守会计准则关于"会计信息质量特征——可比性"的相关规定，已经提供出企业自身前后各期以及企业间可比性增强的会计信息，此时，沪港通交易机制的实施对公司会计信息可比性的提升边际作用较小；相反，当外部行业竞争较温和时，市场竞争发挥的外部治理效应较为有限，管理者与股东之间的信息不对称和代理问题仍较严重，公司会计信息可比性提升的空间仍然较大，此时，沪港通交易机制的实施对提升公司会计信息可比性的边际贡献明显。

表6-6　　　行业竞争程度对沪港通与会计信息可比性关系的影响

变量	行业竞争激烈		行业竞争温和	
	(1)	(2)	(3)	(4)
	Compacct	*Compind*	*Compacct*	*Compind*
HKC	0.001 (1.29)	0.001 (1.25)	0.002 *** (2.91)	0.003 *** (3.66)
Size	-0.001 *** (-9.96)	-0.001 *** (-10.45)	-0.000 *** (-2.99)	-0.002 ** (-2.49)
Roa	0.023 *** (6.95)	0.025 *** (6.90)	0.025 *** (6.34)	0.028 *** (6.40)

① 先计算同年度同行业所有企业的行业竞争中位数，当企业行业竞争指数低于中位数，定义为企业行业竞争激烈；反之，则企业行业竞争温和。

续表

变量	行业竞争激烈		行业竞争温和	
	(1)	(2)	(3)	(4)
	Compacct	*Compind*	*Compacct*	*Compind*
Debt	0.000 (0.34)	0.001 (0.74)	−0.004 *** (−4.11)	−0.004 *** (−3.56)
Liqui	0.004 *** (5.53)	0.004 *** (5.64)	−0.000 (−0.09)	0.001 (0.77)
Ndts	−0.030 *** (−3.66)	−0.034 *** (−3.70)	−0.039 *** (−3.97)	−0.039 *** (−3.62)
Eps	−0.004 *** (−13.58)	−0.005 *** (−13.86)	−0.003 *** (−6.46)	−0.003 *** (−6.23)
Ggstk	0.005 *** (7.08)	0.005 *** (6.52)	0.006 *** (6.91)	0.006 *** (6.25)
Zh	0.001 * (1.83)	0.002 ** (2.23)	0.002 *** (3.25)	0.002 *** (3.23)
Invt	0.015 *** (6.58)	0.018 *** (7.35)	0.010 *** (3.48)	0.013 *** (4.15)
Constant	0.011 *** (3.78)	0.016 *** (5.09)	−0.002 (−0.78)	−0.003 (−0.97)
Firm	控制	控制	控制	控制
Year	控制	控制	控制	控制
Ind	控制	控制	控制	控制
N	4360	4360	3323	3323
R-squared	0.370	0.330	0.400	0.326
F	43.59	36.60	30.08	21.81

注：括号内为 *t* 值；*** 、** 、* 分别表示1%、5%、10%的显著性水平（双尾）。

三、稳健性检验

（一）替换会计信息可比性测度指标

与本书前面章节一致，本章仍采用 *Comp*4 和 *Comp*10 重新测度会计信息可比性，回归结果见表6-7、表6-8和表6-9。其中，表6-7为将全样本区分为分析师关注度高组和分析师关注度低组，表6-8为将全样本区分为地区市场化进程高组和地区市场化进程低组，表6-9为将全样本区分为行业竞争激烈组和行业竞争温和组，分别考察其对沪港通交易机制的实施与会计信息可比性关系影响的回归结果，结果显示主要结论保持不变，表明沪港通交易机制的实施对标的公司会计信息可比性的提升，在分析师关注较少、市场化进程较低以及行业竞争较温和的上市公司更显著。

表6-7　　替换会计信息可比性测度指标——分析师关注调节效应

变量	分析师关注高		分析师关注低	
	（1）	（2）	（3）	（4）
	Comp4	Comp10	Comp4	Comp10
HKC	0.000 (0.40)	0.000 (0.29)	0.001 *** (4.57)	0.001 *** (3.71)
Size	-0.001 *** (-12.66)	-0.001 *** (-14.95)	-0.000 (-1.05)	0.000 (0.29)
Roa	0.003 (1.24)	0.001 (0.54)	0.017 *** (7.29)	0.020 *** (7.12)
Debt	0.002 *** (4.13)	0.003 *** (4.26)	-0.003 *** (-6.35)	-0.004 *** (-7.49)
Liqui	0.001 ** (2.16)	0.001 ** (2.31)	0.001 ** (2.30)	0.002 *** (3.26)
Ndts	-0.012 ** (-2.31)	-0.005 (-0.76)	-0.028 *** (-5.06)	-0.036 *** (-5.27)
Eps	-0.002 *** (-9.81)	-0.002 *** (-9.42)	-0.001 *** (-3.78)	-0.001 *** (-2.81)
Ggstk	0.002 *** (5.16)	0.004 *** (6.29)	0.001 (1.46)	0.002 *** (2.76)
Zh	0.002 *** (3.53)	0.002 *** (4.19)	0.001 ** (2.21)	0.001 (1.14)

续表

变量	分析师关注高		分析师关注低	
	(1)	(2)	(3)	(4)
	*Comp*4	*Comp*10	*Comp*4	*Comp*10
Invt	0.004 *** (3.06)	0.005 *** (2.85)	0.011 *** (6.40)	0.015 *** (6.81)
Constant	0.010 *** (6.58)	0.014 *** (7.93)	-0.005 *** (-2.94)	-0.010 *** (-4.71)
Firm	控制	控制	控制	控制
Year	控制	控制	控制	控制
Ind	控制	控制	控制	控制
N	4480	4480	3203	3203
R-squared	0.394	0.458	0.347	0.418
F	45.51	59.13	26.43	35.83

注：括号内为 *t* 值；*** 、** 分别表示1%、5%的显著性水平（双尾）。

表6-8　　替换会计信息可比性测度指标——市场化进程调节效应

变量	市场化进程高		市场化进程低	
	(1)	(2)	(3)	(4)
	*Comp*4	*Comp*10	*Comp*4	*Comp*10
HKC	0.001 (1.42)	0.001 (1.23)	0.002 *** (4.38)	0.002 *** (4.17)
Size	-0.000 *** (-7.77)	-0.001 *** (-7.55)	-0.002 *** (-2.70)	-0.001 *** (-3.14)
Roa	0.012 *** (6.34)	0.016 *** (6.61)	0.016 *** (6.85)	0.020 *** (6.91)
Debt	0.000 (1.07)	0.000 (0.21)	-0.001 ** (-2.52)	-0.002 *** (-2.80)
Liqui	0.001 ** (2.40)	0.002 *** (3.08)	0.001 *** (2.88)	0.002 *** (3.41)

续表

变量	市场化进程高		市场化进程低	
	（1）	（2）	（3）	（4）
	Comp4	Comp10	Comp4	Comp10
Ndts	-0.022 ***	-0.022 ***	-0.033 ***	-0.038 ***
	（-4.41）	（-3.50）	（-5.32）	（-5.04）
Eps	-0.002 ***	-0.003 ***	-0.002 ***	-0.003 ***
	（-9.96）	（-10.54）	（-9.38）	（-8.81）
Ggstk	0.001 ***	0.002 ***	0.003 ***	0.005 ***
	（3.23）	（3.96）	（4.11）	（5.68）
Zh	0.001 ***	0.002 **	0.001 **	0.001 **
	（2.75）	（2.16）	（2.28）	（2.17）
Invt	0.007 ***	0.009 ***	0.010 ***	0.013 ***
	（4.75）	（5.05）	（5.70）	（6.09）
Constant	0.001	0.002	-0.002	-0.004 *
	（1.10）	（0.95）	（-1.25）	（-1.94）
Firm	控制	控制	控制	控制
Year	控制	控制	控制	控制
Ind	控制	控制	控制	控制
N	4062	4062	3621	3621
R-squared	0.397	0.435	0.303	0.375
F	41.77	48.91	24.92	34.42

注：括号内为 t 值；*** 、** 、* 分别表示1%、5%、10%的显著性水平（双尾）。

表6-9　　替换会计信息可比性测度指标——行业竞争程度调节效应

变量	行业竞争激烈		行业竞争温和	
	（1）	（2）	（3）	（4）
	Comp4	Comp10	Comp4	Comp10
HKC	0.001	0.000	0.002 ***	0.001 **
	（1.48）	（0.76）	（3.88）	（2.26）

续表

变量	行业竞争激烈		行业竞争温和	
	(1)	(2)	(3)	(4)
	Comp4	Comp10	Comp4	Comp10
Size	-0.001*** (-8.86)	-0.001*** (-9.52)	-0.000*** (-4.05)	-0.000*** (-3.80)
Roa	0.008*** (3.94)	0.011*** (4.31)	0.014*** (4.97)	0.016*** (4.87)
Debt	0.000 (0.46)	0.000 (0.83)	-0.001 (-1.47)	-0.002*** (-3.08)
Liqui	0.001*** (3.18)	0.002*** (3.82)	0.000 (0.46)	0.001 (0.87)
Ndts	-0.023*** (-4.65)	-0.022*** (-3.63)	-0.018*** (-2.73)	-0.015* (-1.80)
Eps	-0.002*** (-10.32)	-0.003*** (-11.02)	-0.002*** (-5.93)	-0.002*** (-5.00)
Ggstk	0.003*** (5.90)	0.003*** (6.29)	0.001* (1.92)	0.003*** (4.12)
Zh	0.001** (2.19)	0.002 (1.57)	0.000** (2.54)	0.001** (2.48)
Invt	0.008*** (6.39)	0.012*** (7.18)	0.005** (2.48)	0.006** (2.36)
Constant	0.004** (2.56)	0.003 (1.37)	0.000 (0.14)	-0.001 (-0.48)
Firm	控制	控制	控制	控制
Year	控制	控制	控制	控制
Ind	控制	控制	控制	控制
N	4360	4360	3323	3323
R-squared	0.331	0.425	0.358	0.410
F	37.35	55.67	25.10	31.83

注：括号内为 t 值；***、**、*分别表示1%、5%、10%的显著性水平（双尾）。

（二）PSM+DID、安慰剂检验

因为沪股通试点标的公司并非随机选定导致可能存在样本选择偏误，从而处理组与控制组在公司特征方面存在差异，这会使 DID 模型估计结果的稳健性降低，本章仍采用 PSM 的方法，确定公司特征相似的控制组并得到配对样本，然后分别进行安慰剂检验和双重差分估计。具体处理方法同本书第四章，即首先保留样本期间被调入沪港通标的试点公司的数据，并标记为处理组（$Treat=1$）；同时，保留从未加入过沪港通标的试点的样本，标记为控制组（$Treat=0$）。

1. 倾向得分匹配

采用本书第四章得到的配对样本 5102 个（2551 组）进行 DID 重新估计。该配对样本综合考虑了公司规模、盈利能力和成长性等特点，以公司规模（$Size$）、总资产收益率（Roa）、每股收益（Eps）、成长性（$Growth$）和投资支出率（$Invt$）为倾向得分匹配过程中的解释变量，以 $Treat$ 为被解释变量，并控制了年度（$Year$）、行业（Ind）固定效应，依据 1∶1 近邻匹配原则匹配所得到。该样本的处理组与控制组在公司规模、成长性和每股收益等方面已不存在显著差异，配对样本的平衡性检验结果见本书第四章表 4-7。

2. 安慰剂检验

参照陈等（2015）、张璇等（2016）的做法，根据安慰剂检验思想，运用模型（4-6），将配对样本按照处理组和控制组，区分为分析师关注较多组与较低组、市场化进程较高组与较低组、行业竞争程度激烈组与温和组，分别对沪港通交易机制实施与会计信息可比性之间的因果关系进行检验。

处理组的检验结果见表 6-10、表 6-11 和表 6-12，这三张表中的第（3）、（4）列，分析师关注低组、市场化进程低组、行业竞争温和组，$Post$ 的回归系数为正且基本在 1% 水平上显著；而在这些表的第（1）、（2）列，分析师关注高组、市场化进程高组、行业竞争激烈组，$Post$ 的回归系数为正但基本不显著，说明沪港通交易机制实施后标的公司会计信息可比性得到提升，且在分析师关注低组、市场化进程低组、行业竞争温和组更

显著。控制组的检验结果见表 6 – 13、表 6 – 14 和表 6 – 15，这三张表中第
（1）列至第（4）列，*Post* 回归系数均不显著，表明无论是在分析师关注
高组还是低组、市场化进程高组还是低组、行业竞争激烈组还是温和组，
对于控制组的沪港通非标的公司，其会计信息可比性均不受沪港通交易机
制实施的影响。

表 6 – 10　　PSM 配对后安慰剂检验——处理组 "分析师关注" 检验结果

变量	处理组（$Treat = 1$，$N = 2551$）			
	分析师关注高		分析师关注低	
	(1)	(2)	(3)	(4)
	Compacct	*Compind*	*Compacct*	*Compind*
Post	0.001 (0.87)	0.001 (1.47)	0.002 ** (2.49)	0.001 *** (2.97)
Size	− 0.002 *** (− 13.27)	− 0.002 *** (− 13.43)	0.001 *** (3.13)	0.001 *** (3.06)
Roa	− 0.010 (− 1.47)	− 0.013 * (− 1.82)	0.021 ** (2.48)	0.022 ** (2.44)
Debt	0.006 *** (3.95)	0.007 *** (4.20)	− 0.006 *** (− 3.66)	− 0.005 *** (− 3.00)
Liqui	0.000 (0.34)	0.001 (0.82)	0.004 ** (2.53)	0.004 *** (2.87)
Ndts	− 0.008 (− 0.53)	− 0.006 (− 0.40)	0.008 (0.47)	0.003 (0.18)
Eps	− 0.004 *** (− 7.06)	− 0.004 *** (− 6.74)	− 0.002 (− 1.47)	− 0.002 (− 1.46)
Ggstk	0.003 (1.34)	0.003 (1.17)	0.008 *** (2.83)	0.008 ** (2.38)
Zh	0.002 (1.48)	0.001 (1.51)	− 0.001 (− 0.98)	− 0.002 (− 0.81)
Invt	0.005 (1.35)	0.009 * (1.91)	0.012 ** (2.17)	0.017 *** (2.97)

续表

变量	处理组（$Treat=1$，$N=2551$）			
	分析师关注高		分析师关注低	
	（1）	（2）	（3）	（4）
	Compacct	Compind	Compacct	Compind
Constant	0.040 *** (9.99)	0.046 *** (10.60)	−0.024 *** (−4.43)	−0.025 *** (−4.25)
Year	未控制	未控制	未控制	未控制
Ind	控制	控制	控制	控制
N	1726	1726	825	825
R-squared	0.465	0.434	0.378	0.334
F	25.90	22.88	8.650	7.130

注：括号内为 t 值；*** 、** 、* 分别表示1%、5%、10%的显著性水平（双尾）。

表6-11　PSM配对后安慰剂检验——处理组"市场化进程"检验结果

变量	处理组（$Treat=1$，$N=2551$）			
	市场化进程高		市场化进程低	
	（1）	（2）	（3）	（4）
	Compacct	Compind	Compacct	Compind
Post	0.001 (1.36)	0.001 (1.24)	0.001 *** (3.34)	0.001 *** (3.12)
Size	−0.001 *** (−7.44)	−0.001 *** (−7.22)	−0.001 *** (−6.11)	−0.001 *** (−6.11)
Roa	0.028 *** (3.68)	0.027 *** (3.25)	0.005 (0.62)	0.003 (0.32)
Debt	0.004 *** (2.71)	0.005 *** (2.92)	0.002 (0.96)	0.003 (1.38)
Liqui	0.003 ** (1.98)	0.004 ** (2.53)	−0.000 (−0.21)	0.000 (0.15)
Ndts	−0.004 (−0.27)	−0.005 (−0.27)	−0.021 (−1.18)	−0.020 (−1.03)

续表

变量	处理组（$Treat=1$，$N=2551$）			
	市场化进程高		市场化进程低	
	（1）	（2）	（3）	（4）
	Compacct	*Compind*	*Compacct*	*Compind*
Eps	-0.004 *** (-6.42)	-0.005 *** (-6.38)	-0.004 *** (-6.06)	-0.004 *** (-5.91)
Ggstk	0.004 (1.56)	0.003 (1.13)	0.007 * (1.89)	0.008 * (1.89)
Zh	0.001 (0.66)	0.001 (0.57)	0.000 (1.38)	0.000 (1.56)
Invt	0.013 *** (2.62)	0.017 *** (3.27)	0.018 *** (3.78)	0.024 *** (4.51)
Constant	0.019 *** (4.22)	0.022 *** (4.39)	0.016 *** (3.53)	0.019 *** (3.85)
Year	未控制	未控制	未控制	未控制
Ind	控制	控制	控制	控制
N	1406	1406	1145	1145
R-squared	0.385	0.347	0.390	0.363
F	17.74	15.07	15.28	13.63

注：括号内为 t 值；*** 、** 、* 分别表示 1%、5%、10% 的显著性水平（双尾）。

表6-12　PSM 配对后安慰剂检验——处理组"行业竞争程度"检验结果

变量	处理组（$Treat=1$，$N=2551$）			
	行业竞争激烈		行业竞争温和	
	（1）	（2）	（3）	（4）
	Compacct	*Compind*	*Compacct*	*Compind*
Post	0.001 (1.39)	0.002 (1.08)	0.002 *** (4.64)	0.003 *** (4.96)
Size	-0.002 *** (-10.84)	-0.002 *** (-11.23)	-0.001 *** (-5.23)	-0.001 *** (-4.62)

续表

变量	处理组（$Treat = 1$，$N = 2551$）			
	行业竞争激烈		行业竞争温和	
	（1）	（2）	（3）	（4）
	Compacct	*Compind*	*Compacct*	*Compind*
Roa	0.008 （1.15）	0.005 （0.74）	0.016 （1.60）	0.015 （1.47）
Debt	0.004 ** （2.56）	0.005 *** （2.93）	0.002 （0.92）	0.002 （1.09）
Liqui	0.002 （1.18）	0.002 （1.54）	− 0.001 （− 0.49）	− 0.000 （− 0.12）
Ndts	− 0.033 ** （− 2.13）	− 0.039 ** （− 2.27）	− 0.004 （− 0.22）	− 0.001 （− 0.07）
Eps	− 0.004 *** （− 6.57）	− 0.004 *** （− 6.44）	− 0.004 *** （− 4.78）	− 0.004 *** （− 4.65）
Ggstk	0.005 * （1.85）	0.005 * （1.65）	0.006 * （1.79）	0.006 * （1.65）
Zh	0.001 （0.46）	0.001 （0.44）	0.002 * （1.67）	0.002 * （1.72）
Invt	0.012 *** （2.73）	0.016 *** （3.28）	0.012 ** （2.23）	0.016 *** （2.78）
Constant	0.029 *** （5.86）	0.038 *** （7.00）	0.012 *** （2.89）	0.011 ** （2.53）
Year	未控制	未控制	未控制	未控制
Ind	控制	控制	控制	控制
N	1477	1477	1074	1074
R-squared	0.417	0.396	0.398	0.342
F	22.23	20.35	13.50	10.62

注：括号内为 t 值；*** 、** 、* 分别表示 1%、5%、10% 的显著性水平（双尾）。

表6-13　　　　PSM配对后安慰剂检验——控制组"分析师关注"检验结果

变量	控制组（Treat = 0，N = 2551）			
	分析师关注高		分析师关注低	
	(1)	(2)	(3)	(4)
	Compacct	Compind	Compacct	Compind
Post	0.001 (0.85)	0.000 (0.49)	0.001 (1.40)	0.001 (1.34)
Size	-0.001 *** (-4.74)	-0.001 *** (-5.12)	0.001 *** (4.33)	0.001 *** (4.79)
Roa	0.062 *** (7.26)	0.070 *** (7.41)	0.025 *** (3.79)	0.028 *** (3.88)
Debt	-0.003 ** (-2.11)	-0.003 * (-1.77)	-0.011 *** (-9.30)	-0.011 *** (-9.20)
Liqui	0.000 (0.20)	0.000 (0.04)	0.000 (0.46)	0.001 (0.74)
Ndts	-0.010 (-0.65)	-0.006 (-0.36)	-0.065 *** (-4.85)	-0.073 *** (-4.99)
Eps	-0.003 *** (-3.86)	-0.003 *** (-3.83)	0.003 ** (2.36)	0.003 ** (2.08)
Ggstk	0.004 *** (2.89)	0.004 *** (2.93)	0.004 *** (3.82)	0.004 *** (3.40)
Zh	0.002 ** (2.53)	0.002 *** (3.13)	-0.001 (-0.78)	-0.001 (-0.68)
Invt	0.020 *** (3.72)	0.020 *** (3.44)	0.019 *** (3.92)	0.022 *** (4.05)
Constant	0.013 *** (2.99)	0.016 *** (3.35)	-0.024 *** (-5.93)	-0.027 *** (-6.10)
Year	未控制	未控制	未控制	未控制
Ind	控制	控制	控制	控制
N	1064	1064	1487	1487
R-squared	0.482	0.415	0.459	0.427
F	16.11	12.28	20.87	18.34

注：括号内为 t 值；***、**、* 分别表示1%、5%、10%的显著性水平（双尾）。

表 6 – 14　　　PSM 配对后安慰剂检验——控制组"市场化进程"检验结果

变量	控制组（Treat = 0，N = 2551）			
	市场化进程高		市场化进程低	
	（1）	（2）	（3）	（4）
	Compacct	Compind	Compacct	Compind
Post	0.002 (0.15)	0.001 (0.06)	0.002 (0.54)	0.001 (0.56)
Size	− 0.000 (− 0.48)	− 0.001 (− 0.41)	0.002 * (1.74)	0.002 (1.63)
Roa	0.045 *** (7.19)	0.045 *** (6.65)	0.048 *** (6.76)	0.057 *** (7.27)
Debt	− 0.003 *** (− 2.91)	− 0.004 *** (− 2.96)	− 0.011 *** (− 7.62)	− 0.011 *** (− 7.06)
Liqui	0.002 ** (1.97)	0.002 ** (1.97)	0.001 (0.60)	0.001 (0.93)
Ndts	− 0.042 *** (− 3.33)	− 0.054 *** (− 3.90)	− 0.057 *** (− 3.54)	− 0.056 *** (− 3.15)
Eps	− 0.002 ** (− 2.32)	− 0.002 ** (− 2.03)	− 0.001 (− 1.00)	− 0.002 (− 1.55)
Ggstk	0.003 *** (2.88)	0.003 ** (2.50)	0.005 *** (3.70)	0.006 *** (3.56)
Zh	− 0.016 *** (− 2.89)	− 0.017 ** (− 2.44)	0.020 ** (2.00)	0.020 ** (2.12)
Invt	0.021 *** (4.40)	0.024 *** (4.64)	0.022 *** (4.05)	0.024 *** (3.94)
Constant	− 0.006 (− 1.50)	− 0.006 (− 1.46)	− 0.013 *** (− 3.13)	− 0.013 *** (− 2.82)
Year	未控制	未控制	未控制	未控制
Ind	控制	控制	控制	控制
N	1213	1213	1338	1338
R-squared	0.475	0.412	0.421	0.379
F	17.71	13.71	16.05	13.48

注：括号内为 t 值；*** 、** 、* 分别表示 1% 、5% 、10% 的显著性水平（双尾）。

表 6–15 　　PSM 配对后安慰剂检验——控制组"行业竞争程度"检验结果

变量	控制组（$Treat=0$，$N=2551$）			
	行业竞争激烈		行业竞争温和	
	（1）	（2）	（3）	（4）
	Compacct	Compind	Compacct	Compind
Post	0.001 (1.16)	0.001 (0.82)	0.002 (0.11)	0.001 (0.34)
Size	0.002 (1.02)	0.002 (0.91)	−0.001 (−0.71)	−0.001 (−0.84)
Roa	0.047*** (5.94)	0.052*** (5.87)	0.043*** (5.20)	0.046*** (5.15)
Debt	−0.007*** (−5.64)	−0.008*** (−5.68)	−0.008*** (−4.86)	−0.008*** (−4.45)
Liqui	0.004*** (3.34)	0.004*** (3.02)	−0.002* (−1.69)	−0.002 (−1.14)
Ndts	−0.025* (−1.82)	−0.027* (−1.84)	−0.058*** (−3.18)	−0.064*** (−3.22)
Eps	−0.003*** (−3.17)	−0.003*** (−3.63)	0.000 (0.03)	0.000 (0.31)
Ggstk	0.005*** (4.76)	0.006*** (4.76)	0.004*** (2.86)	0.004** (2.42)
Zh	0.001 (0.07)	0.001 (0.71)	−0.002 (−0.25)	−0.002 (−0.32)
Invt	0.028*** (5.87)	0.030*** (5.58)	0.015** (2.36)	0.019*** (2.72)
Constant	−0.009** (−2.11)	−0.008* (−1.68)	−0.004 (−0.71)	−0.003 (−0.49)
Year	未控制	未控制	未控制	未控制
Ind	控制	控制	控制	控制
N	1351	1351	1200	1200
R-squared	0.413	0.354	0.463	0.408
F	18.30	14.26	13.93	11.14

注：括号内为 t 值；***、**、*分别表示1%、5%、10%的显著性水平（双尾）。

3. 双重差分估计

进一步，本部分采用模型（4-7），按照经典双重差分（DID）估计方法对匹配样本进行重新估计，再次识别分析师关注、市场化进程以及行业竞争程度对沪港通与会计信息可比性之间关系的影响，回归结果见表6-16、表6-17和表6-18。其中，表6-16第（3）、（4）列，分析师关注较少组 $Post \times Treat$ 的系数分别在5%和1%水平上显著；表6-17第（3）、（4）列，市场化进程较低组 $Post \times Treat$ 的系数均在1%水平上显著；表6-18第（3）、（4）列，行业竞争温和组的 $Post \times Treat$ 的系数分别在1%和5%水平上显著；而表6-16、表6-17和表6-18中的第（1）、（2）列，分析师关注较多组、市场化进程较高组和行业竞争激烈组，$Post \times Treat$ 的系数均不显著。这表明控制了样本选择性偏误后，前述结论仍然成立。

表6-16　　　**PSM配对后DID估计——全样本"分析师关注"回归结果**

变量	全样本（N=5102）			
	分析师关注高		分析师关注低	
	(1)	(2)	(3)	(4)
	Compacct	*Compind*	*Compacct*	*Compind*
Post	0.001 (0.50)	0.001 (0.48)	0.002 (1.13)	0.001 (1.07)
Treat	0.001 (0.89)	0.002 (0.90)	0.001 ** (2.35)	0.001 ** (2.18)
Post × Treat	0.001 (0.23)	0.002 (0.56)	0.001 ** (1.98)	0.002 *** (2.66)
Size	-0.002 *** (-12.43)	-0.002 *** (-12.67)	0.001 *** (5.09)	0.001 *** (5.44)
Roa	0.007 (1.43)	0.008 (1.35)	0.027 *** (5.36)	0.030 *** (5.46)
Debt	0.002 * (1.73)	0.003 ** (2.08)	-0.008 *** (-9.15)	-0.009 *** (-8.91)

续表

变量	全样本（$N=5102$）			
	分析师关注高		分析师关注低	
	(1)	(2)	(3)	(4)
	Compacct	*Compind*	*Compacct*	*Compind*
Liqui	0.000 (0.39)	0.001 (0.89)	0.002 ** (2.51)	0.003 *** (2.85)
Ndts	−0.021 * (−1.94)	−0.018 (−1.52)	−0.044 *** (−4.15)	−0.049 *** (−4.31)
Eps	−0.004 *** (−9.34)	−0.004 *** (−9.07)	0.001 (1.20)	0.001 (0.90)
Ggstk	0.004 *** (3.72)	0.005 *** (3.53)	0.006 *** (5.71)	0.006 *** (5.12)
Zh	0.001 (1.63)	0.001 * (1.73)	−0.000 (−0.64)	−0.000 (−0.51)
Invt	0.010 *** (2.97)	0.012 *** (3.34)	0.018 *** (4.74)	0.021 *** (5.26)
Constant	0.025 *** (8.67)	0.029 *** (9.17)	−0.024 *** (−7.48)	−0.026 *** (−7.51)
Year	控制	控制	控制	控制
Ind	控制	控制	控制	控制
N	2790	2790	2312	2312
R-squared	0.412	0.365	0.408	0.374
F	31.36	25.75	24.54	21.30

注：括号内为 t 值；***、**、* 分别表示 1%、5%、10% 的显著性水平（双尾）。

表 6−17　　　PSM 配对后 DID 估计——全样本"市场化进程"回归结果

变量	全样本（$N=5102$）			
	市场化进程高		市场化进程低	
	(1)	(2)	(3)	(4)
	Compacct	*Compind*	*Compacct*	*Compind*
Post	0.001 (0.06)	0.002 (0.05)	0.001 (0.43)	0.002 (0.12)

续表

变量	全样本（$N=5102$）			
	市场化进程高		市场化进程低	
	（1）	（2）	（3）	（4）
	Compacct	*Compind*	*Compacct*	*Compind*
Treat	0.000 （1.08）	0.000 （0.81）	0.002*** （5.02）	0.002*** （4.97）
Post × *Treat*	0.001 （1.41）	0.002 （1.57）	0.002*** （2.86）	0.002*** （3.04）
Size	−0.001*** （−5.02）	−0.001*** （−4.81）	0.000 （0.08）	−0.000 （−0.02）
Roa	0.039*** （8.18）	0.041*** （7.85）	0.034*** （6.81）	0.039*** （7.08）
Debt	0.001 （0.93）	0.001 （1.02）	−0.006*** （−5.57）	−0.006*** （−4.88）
Liqui	0.002*** （2.64）	0.003*** （3.12）	0.002 （1.56）	0.002** （2.00）
Ndts	−0.040*** （−3.80）	−0.044*** （−3.86）	−0.057*** （−4.69）	−0.059*** （−4.35）
Eps	−0.005*** （−9.17）	−0.005*** （−9.13）	−0.004*** （−8.73）	−0.005*** （−8.90）
Ggstk	0.005*** （4.70）	0.005*** （4.06）	0.008*** （5.85）	0.009*** （5.74）
Zh	−0.002 （−0.06）	−0.002 （−0.03）	0.001 （1.34）	0.000 （1.47）
Invt	0.015*** （4.37）	0.019*** （5.05）	0.019*** （5.07）	0.023*** （5.59）
Constant	0.004 （1.55）	0.005 （1.50）	−0.009*** （−2.79）	−0.008** （−2.39）
Year	控制	控制	控制	控制
Ind	控制	控制	控制	控制
N	2619	2619	2483	2483

续表

变量	全样本（N=5102）			
	市场化进程高		市场化进程低	
	(1)	(2)	(3)	(4)
	Compacct	*Compind*	*Compacct*	*Compind*
R-squared	0.371	0.319	0.329	0.284
F	23.87	18.97	19.49	15.71

注：括号内为 t 值；***、** 分别表示1%、5%的显著性水平（双尾）。

表 6-18　PSM 配对后 DID 估计——全样本"行业竞争程度"回归结果

变量	全样本（N=5102）			
	行业竞争激烈		行业竞争温和	
	(1)	(2)	(3)	(4)
	Compacct	*Compind*	*Compacct*	*Compind*
Post	0.001 (1.19)	0.001 (1.36)	0.001 (0.99)	0.001 (1.16)
Treat	0.001 (1.58)	0.001* (1.67)	0.002*** (3.82)	0.002*** (3.62)
Post × Treat	0.001 (1.55)	0.001 (1.57)	0.001*** (2.96)	0.002** (2.44)
Size	-0.001*** (-6.74)	-0.001*** (-6.97)	-0.000 (-1.52)	-0.000 (-1.08)
Roa	0.021*** (4.27)	0.025*** (4.58)	0.035*** (5.79)	0.038*** (5.76)
Debt	-0.002* (-1.67)	-0.002 (-1.48)	-0.004*** (-3.05)	-0.003*** (-2.64)
Liqui	0.003*** (3.48)	0.004*** (3.70)	-0.001 (-0.94)	-0.000 (-0.35)
Ndts	-0.035*** (-3.31)	-0.037*** (-3.21)	-0.044*** (-3.39)	-0.045*** (-3.24)
Eps	-0.004*** (-9.31)	-0.005*** (-9.39)	-0.004*** (-5.87)	-0.004*** (-5.62)

续表

变量	全样本（$N=5102$）			
	行业竞争激烈		行业竞争温和	
	（1）	（2）	（3）	（4）
	Compacct	*Compind*	*Compacct*	*Compind*
Ggstk	0.007 ***	0.007 ***	0.007 ***	0.007 ***
	（6.37）	（5.80）	（5.24）	（4.84）
Zh	− 0.012	0.012	0.001	0.001
	（− 0.25）	（0.31）	（1.51）	（1.40）
Invt	0.015 ***	0.019 ***	0.015 ***	0.019 ***
	（4.38）	（5.05）	（3.52）	（4.14）
Constant	0.008 **	0.013 ***	− 0.005	− 0.006 *
	（2.42）	（3.40）	（− 1.47）	（− 1.71）
Year	控制	控制	控制	控制
Ind	控制	控制	控制	控制
N	2828	2828	2274	2274
R-squared	0.352	0.315	0.372	0.305
F	27.34	23.62	17.95	13.32

注：括号内为 t 值；***、**、* 分别表示1%、5%、10%的显著性水平（双尾）。

（三）剔除沪港通交易机制实施当年的样本

基于研究的连续性，本章考察的样本期间为 2010～2017 年，其中包含了沪港通交易机制实施的当年 2014 年。考虑到沪港通交易制度的正式启动时点为 2014 年 11 月 17 日，一方面试点初期交易可能不够活跃，另一方面已接近年度末以及政策的时滞性，故对 2014 年度财务报表质量的影响可能较小，因此，为进一步检验估计结果的有效性，重新定义样本时期为 2010～2017 年间剔除沪港通交易机制实施当年 2014 年后的剩余年度，得到样本 6710 个，再次采用模型（6-1）、模型（6-2）和模型（6-3），区分为分析师关注较高组与较低组、市场化进程较高组与较低组、行业竞争程度激烈组与温和组，分别进行双重差分估计，回归结果报告见表6-19、表6-20和表6-21，主要结论保持不变。这进一步证明了前述结论的稳健性，即沪港通交易机制的实施对标的公司会计信息可比性的提升，在分析师关注度较低、市场化进程较低以及行业竞争较温和的上市公司更显著。

表6-19　　剔除沪港通交易机制实施当年的样本——分析师关注调节效应

变量	分析师关注度高		分析师关注度低	
	（1）	（2）	（3）	（4）
	Compacct	*Compind*	*Compacct*	*Compind*
HKC	0.001 (0.24)	0.000 (0.07)	0.002*** (2.81)	0.002*** (3.18)
Size	-0.002*** (-15.60)	-0.002*** (-15.91)	0.000*** (3.60)	0.001*** (3.96)
Roa	0.008** (2.27)	0.009** (2.29)	0.032*** (8.71)	0.036*** (8.93)
Debt	0.003*** (3.20)	0.004*** (3.70)	-0.006*** (-7.96)	-0.006*** (-7.53)
Liqui	0.001 (1.48)	0.002** (2.19)	0.003*** (4.28)	0.004*** (4.70)
Ndts	-0.020** (-2.30)	-0.017* (-1.82)	-0.039*** (-4.29)	-0.043*** (-4.37)
Eps	-0.004*** (-11.97)	-0.004*** (-12.04)	-0.001** (-2.51)	-0.002*** (-2.69)
Ggstk	0.004*** (5.65)	0.005*** (5.26)	0.005*** (5.61)	0.005*** (4.67)
Zh	0.001*** (3.93)	0.001*** (3.86)	0.000* (1.83)	0.000* (1.86)
Invt	0.007*** (2.98)	0.009*** (3.50)	0.017*** (5.92)	0.020*** (6.46)
Constant	0.025*** (10.41)	0.030*** (11.30)	-0.019*** (-6.81)	-0.021*** (-6.84)
Firm	控制	控制	控制	控制
Year	控制	控制	控制	控制
Ind	控制	控制	控制	控制

续表

变量	分析师关注度高		分析师关注度低	
	（1）	（2）	（3）	（4）
	Compacct	Compind	Compacct	Compind
N	3887	3887	2823	2823
R-squared	0.429	0.380	0.401	0.365
F	46.27	37.79	29.75	25.62

注：括号内为 t 值；***、**、* 分别表示 1%、5%、10% 的显著性水平（双尾）。

表 6 – 20　　剔除沪港通交易机制实施当年的样本——市场化进程调节效应

变量	市场化进程高		市场化进程低	
	（1）	（2）	（3）	（4）
	Compacct	Compind	Compacct	Compind
HKC	0.000 （0.71）	0.001 （1.26）	0.003 *** （3.38）	0.003 *** （3.51）
Size	− 0.001 *** （− 5.63）	− 0.001 *** （− 5.38）	− 0.001 （− 1.21）	− 0.000 （− 1.47）
Roa	0.030 *** （9.44）	0.033 *** （9.43）	0.034 *** （8.96）	0.039 *** （9.42）
Debt	0.000 （0.17）	0.000 （0.31）	− 0.004 *** （− 4.44）	− 0.004 *** （− 3.50）
Liqui	0.003 *** （3.66）	0.003 *** （4.10）	0.003 *** （3.37）	0.004 *** （4.11）
Ndts	− 0.034 *** （− 4.07）	− 0.039 *** （− 4.20）	− 0.044 *** （− 4.30）	− 0.043 *** （− 3.88）
Eps	− 0.004 *** （− 12.48）	− 0.005 *** （− 13.01）	− 0.004 *** （− 10.61）	− 0.005 *** （− 10.84）
Ggstk	0.004 *** （5.31）	0.004 *** （4.48）	0.007 *** （6.44）	0.007 *** （6.14）
Zh	0.002 （0.98）	0.002 （0.85）	0.001 *** （4.26）	0.001 *** （4.38）

续表

变量	市场化进程高		市场化进程低	
	（1）	（2）	（3）	（4）
	Compacct	*Compind*	*Compacct*	*Compind*
Invt	0.014 *** (6.10)	0.018 *** (6.83)	0.014 *** (4.92)	0.017 *** (5.56)
Constant	0.001 (0.65)	0.002 (0.97)	−0.007 ** (−2.45)	−0.006 * (−1.85)
Firm	控制	控制	控制	控制
Year	控制	控制	控制	控制
Ind	控制	控制	控制	控制
N	3547	3547	3163	3163
R-squared	0.374	0.318	0.340	0.293
F	33.62	26.16	26.15	21.05

注：括号内为 *t* 值；*** 、** 、* 分别表示1%、5%、10%的显著性水平（双尾）。

表6-21　　　　剔除沪港通交易机制实施当年的样本——
行业竞争程度调节效应

变量	行业竞争激烈		行业竞争温和	
	（1）	（2）	（3）	（4）
	Compacct	*Compind*	*Compind*	*Compind*
HKC	0.001 (1.04)	0.001 (1.16)	0.002 ** (2.24)	0.003 *** (2.85)
Size	−0.001 *** (−8.82)	−0.001 *** (−9.35)	−0.000 ** (−2.50)	−0.000 ** (−1.99)
Roa	0.023 *** (6.47)	0.025 *** (6.52)	0.026 *** (6.30)	0.029 *** (6.42)
Debt	−0.000 (−0.04)	0.000 (0.52)	−0.004 *** (−3.92)	−0.004 *** (−3.48)
Liqui	0.003 *** (4.64)	0.004 *** (4.90)	−0.000 (−0.04)	0.001 (0.72)

续表

变量	行业竞争激烈		行业竞争温和	
	(1)	(2)	(3)	(4)
	Compacct	*Compind*	*Compind*	*Compind*
Ndts	-0.027 *** (-3.15)	-0.030 *** (-3.09)	-0.033 *** (-3.17)	-0.031 *** (-2.74)
Eps	-0.004 *** (-12.73)	-0.005 *** (-13.03)	-0.003 *** (-6.02)	-0.003 *** (-5.97)
Ggstk	0.005 *** (6.16)	0.005 *** (5.53)	0.006 *** (6.77)	0.006 *** (6.09)
Zh	0.001 * (1.69)	0.001 * (1.96)	0.002 *** (3.14)	0.002 *** (2.92)
Invt	0.016 *** (6.66)	0.019 *** (7.45)	0.008 *** (2.82)	0.011 *** (3.43)
Constant	0.010 *** (3.20)	0.015 *** (4.48)	-0.003 (-1.23)	-0.004 (-1.39)
Firm	控制	控制	控制	控制
Year	控制	控制	控制	控制
Ind	控制	控制	控制	控制
N	3977	3977	2733	2733
R-squared	0.368	0.327	0.388	0.313
F	37.94	31.74	25.62	18.42

注：括号内为 *t* 值；*** 、** 、* 分别表示1%、5%、10%的显著性水平（双尾）。

第五节　本章小结

本章利用2014年沪港通交易试点的准自然实验，引入分析师关注、市场化进程与行业竞争程度三个变量，分别研究在其作用下沪港通交易机制的实施对上市公司会计信息可比性的影响。将全样本区分为分析师关注度较高组与较低组、市场化进程较高组与较低组以及行业竞争激烈组与温和组，分别检验其对沪港通交易机制提升会计信息可比性的影响，结果显示，在分析师关注较少、市场化进程较低以及行业竞争温和的公司，沪港通交易机制的实施对会计信息可比性的提升效果更显著。在稳健性检验中，通过 PSM 的方法，将沪港通标的公司作为处理组，1∶1 近邻匹配选出非沪港通标的样本作为控制组，先利用安慰剂思想进行检验，再利用双重差分模型 DID 对配对样本进行检验，主要结论保持不变；通过变换时间总样本等稳健性测试，结论仍然成立。

本章的经验证据为投资者、上市公司和监管层从外部信息环境、市场化改革和产业组织层面理解公司会计信息质量，从而提高资本配置效率提供了有益参考。首先，在资本市场持续开放的前提下，投资者应关注分析师关注较少、市场化进程较低以及行业竞争温和的沪港通标的公司，以更准确有效地评价公司业绩，提升资本配置效率。因为通过本章研究发现，沪港通交易机制提升会计信息可比性的政策效果，在分析师关注较少、市场化进程较低以及行业竞争温和的公司更明显，这表明沪港通政策的实施能一定程度弥补公司在经济转型期因外部信息环境欠佳、地区市场机制较弱或行业竞争生态不利导致的缺陷，资本市场开放对该类公司会计信息质量提升具有显著的促进作用，这有助于投资者节约信息处理成本，充分解读公司财务信息，从而合理地选择投资机会，提高决策效率。其次，我国上市公司应重视外部环境对会计信息质量的治理作用，坚持公司内涵式自主发展，逐步弱化对资本市场开放的政策依赖，持续提升公司可比信息生成质量和披露水平。虽然本章研究表明外部治理环境欠佳的公司，沪港通交易机制提升会计信息可比性的政策效果较明显，而外部治理环境较好的公司，沪港通交易机制提升会计信息可比性的政策效果不够明显，但究其原因，是因为在提升公司会计信息可比性方面，良好的外部治理环境与沪港通交易机制的实施之间具有替代效应，良好的外部治理环境能实现沪港通交易机制提升会计信息可比性的功能，从而导致沪港通交易政策的实施提升会计信息可比性的空间被压缩，效果体现得不够明显。所以，基于企业长远发展和公司治理的目标，我国上市公司应重视外部环境对会计信息质量的治理作用，减少外部政策依赖，注重公司自主内涵发展，以期更好地服务于企业战略与绩效的实现。最后，提示相关部门应规范分析师监管，加快推进市场化改革，严格规范行业竞争。第一，因为分析师关注既可能监督上市公司，也可能给上市公司带来满足分析师预期的压力，这种压力可能反而会使上市公司进行真实盈余管理而降低会计信息质量。因此，未来在鼓励更多分析师关注与跟踪的基础上，应该对分析师行业加强监管，促使分析师更好地为投资者服务。第二，市场化进程较高的地区，政府干预较少，市场竞争环境较充分，监管效率与法律法规执行效率也较高，为公司提供了更优质的外部环境，有利于降低管理者与股东之间的代理成本，促进会计信息质量提升，但目前我国地区间的市场化进程高低不同且差异明显。第三，产品市场竞争能够降低企业代理成本，提升代理效率，产品市场的适度竞争能有效提高会计信息质量，当外部产品市场竞争越激烈时，对公司管理层的监督程度越强，可以促使管理层更加努力工作，提高公司绩效，但我国目前低集中度的市场结构容易导致恶性竞争，政府如果过度实行市场准入、行政管制等，会削弱潜在的行业竞争程度，会严重干扰已有在位企业间的竞争，进而影响企业高质量会计信息的生成，降低资本配置效率。因此，相关部门应该继续推进要素市场改革，提高要素市场交易的公开透明度，减少垄断，引进市场竞争机制，形成优胜劣汰的公平竞争环境，减少政府对经济的过度干预，改善公共服务水平，为产业组织优化创造良好的制度环境，促使市场化改革和有序竞争更好地服务于资源配置效率提升。

第七章

研究总结与政策建议

　　2014 年 11 月正式启动的沪港通交易机制试点，是我国深化资本市场开放的重要举措。已有文献从市场运行效率、实体经济、市场反应等角度探讨了资本市场开放的经济后果并取得了系列研究成果。沪港通交易机制实施后，投资者对财务信息的关注程度和质量要求也日益提升，他们会要求上市公司提供更透明、更可比的高质量会计信息，以便在信息解读和投资机会选择中，既能正确评价公司业绩，又能节约信息处理成本提高决策效率，但鲜有文献从会计信息可比性的视角考察沪港通政策对公司会计信息质量生成的影响，这可能与会计信息可比性在公司层面的测度问题长时间未得到有效解决有关，德－弗兰科等（2011）创新性地提出了基于盈余—收益回归模型的可比性测度方法，为本书的研究提供了契机。沪港通交易机制实施后，众多投资经验丰富的境外投资者及其他相关主体如审计师、分析师、媒体、监管机构和管理者的行为改变，从而对公司的会计信息可比性产生影响；进一步地，公司治理作为保护投资者利益的机制之一，可以缓解管理者与股东之间的代理问题，约束管理层的机会主义行为，减少管理者选择会计政策的可能性，也会对公司的会计信息可比性产生影响。那么，我国上市公司的内、外部治理，是否会对沪港通交易机制的实施与会计信息可比性的关系产生影响？或者说，在我国内、外部治理环境参差不齐的上市公司之间，沪港通交易机制的实施对公司会计信息可比性的提升是否具有显著差异？这些问题尚待验证。基于此，本书考察了沪港通交易机制对上市公司会计信息可比性的影响，并在此基础上，进一步分析在公司内、外部治理影响下，沪港通交易机制与会计信息可比性的关系。本章将简要总结全书的主要研究结论与研究创新点，针对研究结论提出相关政策建议，并指出研究局限，进行未来研究展望。

第一节 主要结论与可能的创新

一、主要研究结论

本书在系统梳理和总结已有研究的基础上，利用2014年11月17日沪港通交易机制试点这一外生事件，探讨了沪港通交易机制、内外部治理与会计信息可比性之间的关系。基于有效市场假说、委托代理理论、公司治理理论和会计信息观等理论基础，选取2010～2017年A股上市公司作为研究样本，借鉴德－弗兰科等（2011）提出的基于盈余—收益回归模型的可比性测度方法测算会计信息可比性，采用DID双重差分法实证检验了沪港通交易机制实施对上市公司会计信息可比性的影响，在此基础上，进一步分析在公司内、外部治理影响下，沪港通交易机制实施与会计信息可比性的关系。现将本书的主要研究结论、可能的创新点以及研究局限与未来展望总结如下。

资本市场开放有利于引入境外机构投资者，具有治理效应与信息效应，有助于提高发展中国家的资本配置效率。会计信息对资本市场稳定与发展极其重要，会计信息可比性作为信息质量的重要特征，要求不同公司对相似经济业务生成相似的会计数据，对不同经济业务充分反映其差异特征，便于降低信息使用者的信息处理成本，科学地选择投资机会，提高决策效率。资本市场开放后，投资者会更加重视会计信息系统在减少代理冲突中所发挥的信息作用。公司治理一直是现代企业和资本市场研究中备受关注的问题，资本市场开放具有明显的监督作用和优化治理效应。本书考察了沪港通交易机制的实施对上市公司会计信息可比性的影响，在此基础上，进一步分析在公司内、外部治理影响下，沪港通交易机制实施与会计信息可比性的关系，得到以下研究结论。

第一，沪港通交易机制的实施能促进标的上市公司的会计信息可比性提升。沪港通交易机制引入来自法律较完善、投资者保护程度较高的境外机构投资者，众多拥有成熟投资理念和丰富投资经验的海外机构投资者通过与审计师、媒体、分析师和监管机构等协同作用于公司治理，约束了公司控股股东和管理层的自利行为，督促公司更谨慎、更自觉地遵循各项经营法律法规，降低了其随意选择会计政策的可能性；加之公司管理层基于融资需求、声誉机制和风险防范等动机，会更谨慎、更自律地遵循会计准则的规定来核算经济业务，对不同公司的相似经济业务生成相似的会计数据，对不同经济业务充分反映其差异特征，提升了会计信息的可比性。

第二，沪港通交易机制实施提升会计信息可比性的政策效果受公司已有内部治理水平的影响，在内部治理水平较低的公司，沪港通交易机制的实施对会计信息可比性的提升更显著。沪港通交易机制的实施对会计信息可比性的提升效果在上市公司内部治理水平高低不同的公司之间呈现显著差异，当上市公司表现为弱内部治理，如董事会规模较大、独立董事比例较低、董事会会议次数较多、监事会会议次数较少、股东大会会议次数较多、董事长与总经理为两职合一、股权集中度较低、内部控制质量较低时，沪港通交易机制的实施对促进上市公司会计信息可比性的提升效果更显著。这表明，在提升上市公司会计信息可比性的政策效果方面，良好的内部治理与沪港通交易机制实施具有替代效应。因为内部治理水平较高的公司，通过强内部治理已经一定程度约束了控股股东和经理人的自利行为，使得管理者进行盈余管理的可能性变小；加之公司治理结构越完善、独立董事比例越高、股权结构越合理，内部控制越有效，说明公司已经设计切实可行的内部控制制度、优化控制环境、加强风险管理、调整控制流程、畅通信息沟通和改进监督考核等，形成一套由董事会、监事会、管理层和员工共同实施、相互协调的有效监督体系，呈现出公司治理的良性循环，并且在影响公司的会计信息质量，公司经营者已经在勤勉地遵循会计准则对会计信息生成的可比性要求，在这样较为完善的内部环境基础上引入沪港通交易机制，对会计信息治理的边际作用就会较小；相反，那些内部治理水平较低的公司，往往本身公司治理不够完善，内部控制存在的缺陷较多，内部治理可完善的空间较大，此时，引入沪港通交易机制试点对公司治理的边际贡献较高，会计信息可比性的提升较明显。

第三，在分析师关注较少、市场化进程较低以及行业竞争较温和的标的上市公司，沪港通交易机制的实施对其会计信息可比性的提升更显著。在分析师关注和市场化进程较低以及行业竞争较温和的公司，信息环境欠佳，政府干预较多，监管效率与法律法规执行效率也较低，行业市场竞争欠充分，使得外部环境对公司的治理效应不明显，公司控股股东和经理人的自利动机未得到有效约束，信息不对称和代理问题仍较严重，公司的会计信息可比性提升空间较大，在此情况下实施沪港通交易机制试点能充分发挥境外机构投资者及相关各方的监督作用，对公司治理的边际贡献较高，沪港通交易机制促进上市公司会计信息可比性的提升更明显。这表明，在提升上市公司会计信息可比性的政策效果方面，良好的外部治理与沪港通交易机制实施具有替代效应。

第四，上市公司会计信息可比性提升并非由 QFII 持股所致，排除了QFII 持股对沪港通与会计信息可比性之间关系的可能影响，但外资持股作为资本市场上一种重要的外部治理机制，相关部门不能忽视其对于改善公司治理和提升公司价值方面的积极作用。随着外资 A 股参与率提升，建议监管部门应规范管理，统筹研究并适时调整外资持有 A 股的比例上限，包括境外投资者合计持有及单一境外投资者持有上市公司股份的上限政策等，以期进一步发挥外资持股对国内企业的积极治理功能。

二、本书可能的创新

本书可能的创新如下：

第一，从会计信息可比性的视角考察沪港通政策对微观公司层面的影响，拓展了资本市场开放的经济后果研究。现有文献对沪港通的研究多数集中在资本市场定价效率、中介机构、公司审计及投资风险的影响等方面，较少关注沪港通对微观公司层面的影响。对会计信息可比性关注较少可能与其在公司层面的测度问题长时间未得到有效解决有关，德－弗兰科等（2011）创新性地提出了基于盈余—收益回归模型的可比性测度方法，为本书的研究提供了契机。

第二，基于资本市场开放的视角，研究沪港通机制的实施对公司会计信息可比性的影响，丰富了会计信息可比性的影响因素分析范式。已有研究较多关注会计准则宏观制度层面对会计信息质量的影响，现有研究开始关注经营环境、公司战略及治理结构、客户与供应商、交易特征、投资者行为、审计监管以及管理层动机等中微观因素对会计信息可比性的影响，但鲜有文献从资本市场开放的宏观政策层面考察其对微观公司层面的影响。

第三，将沪港通交易机制、内外部治理与会计信息可比性三者置于同一个框架进行研究，丰富了该主题的研究成果。本书研究表明，沪港通交易机制能够提升上市公司会计信息可比性；研究发现，在董事会规模较大、独立董事比例较低、董事会会议次数较多、监事会会议次数较少、股东大会会议次数多、董事长与总经理为两职合一、股权集中度较低、内部控制质量较低、分析师关注较少、市场化进程较低以及行业竞争较温和的标的上市公司，沪港通交易机制的实施对其会计信息可比性的提升更显著，这是对已有研究的重要补充。

第四，本书的研究结论为资本市场开放的治理效应提供了微观证据，有利于投资者准确评价企业业绩，提高资本配置效率；有利于上市公司改进内部治理，重视外部环境在可比会计信息生成和披露中的积极作用；同时，对新兴市场国家监管部门进一步高水平开放资本市场，规范企业内、外部治理监管和规范分析师管理，加快推进市场化改革以及严格规范行业竞争具有借鉴意义。

第二节　政 策 建 议

资本市场开放有利于引入境外机构投资者，具有治理效应与信息效应。会计信息对资本市场稳定与发展极其重要，会计信息可比性作为信息质量的重要特征，要求不同公司的相似经济业务生成相似的会计数据，不同经济业务充分反映其差异特征，便于降低信息使用者的信息处理成本，提高决策效率。内部控制作为现代企业内部治理的一项重要机制，一直是公司治理乃至资本市场研究中备受关注的问题。本书利用 2014 年 11 月 17 日沪港通交易机制试点这一外生事件，将沪港通交易机制、内外部治理和会计信息可比性这三者置于一个框架内，考察了沪港通交易机制的实施对上市公司会计信息可比性的影响，并在此基础上，进一步分析在公司内、外部治理影响下，沪港通交易机制与会计信息可比性之间的关系。通过研究发现，资本市场开放后，投资者会更加重视会计信息系统在减少代理冲突中所发挥的信息作用，资本市场开放能提升公司治理水平，具有明显的监督作用和优化治理效应，能提升上市公司的会计信息可比性。现针对上述研究结论提出如下政策建议。

第一，相关部门可考虑扩大高水平资本市场开放。提示政府部门在监管能及的范围内，推进高水平资本市场开放，以期进一步发挥沪港通交易机制实施对可比会计信息生成和披露的治理功能。沪港通交易机制的实施引入来自法律较完善、投资者保护程度较高的境外机构投资者，通过与审计师、媒体、分析师和监管机构等协同作用于公司治理，约束了公司控股股东和管理层的自利行为，降低了其随意选择会计政策的可能性，促使其更谨慎、更自律地遵循会计准则的规定来核算经济业务，对不同公司的相似经济业务生成相似的会计数据，不同经济业务充分反映其差异特征，提升了会计信息的可比性。故监管层可以在一定限度内扩充沪港通中允许境外投资者购买的投资标的，进一步加大高水平资本市场开放并规范管理，充分发挥沪港通交易机制的公司治理效应，提高会计信息质量和资本配置效率。

第二，投资者可增加对内部治理水平较低、分析师关注较少、市场化进程较低以及行业竞争较温和的沪港通标的上市公司的关注。这类公司因为信息环境欠佳，政府干预较多，监管效率与法律法规执行效率较低，市场竞争也欠充分，导致信息不对称和代理问题较突出，公司控股股东和经理人的自利动机未得到有效约束，在此情况下实施沪港通交易机制试点能充分发挥境外机构投资者及相关各方的监督作用，对公司治理的边际贡献较高，沪港通交易机制促进上市公司会计信息可比性和提升更明显。这表明沪港通交易机制能在一定程度上弥补经济转型期信息环境欠佳和地区市场化发展不完备、市场行业竞争欠充分的缺陷，故投资者可对此类沪港通标的公司增加关注，以更准确有效地评价公司业绩，促使投资资本流向更具成长性的公司，促进市场公平竞争，进而提升资本配置效率。

第三，上市公司应逐步弱化对资本市场开放的政策依赖。我国上市公司应逐步弱化对资本市场开放的政策依赖，主导公司内涵式发展，持续提升公司可比信息生成质量和披露水平。虽然本书的研究表明内、外部治理环境欠佳的公司，沪港通交易机制提升会计信息可比性的政策效果较明显，而内、外部治理环境较好的公司，沪港通交易机制提升会计信息可比性的政策效果不够明显，但究其原因，是因为在提升公司会计信息可比性方面，良好的内、外部治理环境与沪港通交易机制的实施之间具有替代效应，良好的内、外部治理环境能实现沪港通交易机制提升会计信息可比性的功能，从而导致沪港通交易政策的实施提升会计信息可比性的空间被压缩，而使效果体现得不够明显。所以，基于企业长远发展和公司治理的目标，我国上市公司应重视内、外部环境对会计信息质量的治理作用，减少外部政策依赖，注重公司自主内涵发展，以期更好地服务于企业战略与绩效的实现。

第四，政府部门应规范分析师行业监管，加快推进市场化改革，促进行业有序竞争。首先，分析师关注既可能监督上市公司，也可能给上市公司带来满足分析师预期的压力，这种压力可能反而会使上市公司进行真实盈余管理而降低会计信息质量。因此，未来在鼓励更多分析师关注与跟踪的基础上，应该对分析师行业加强监管，促使分析师更好地为投资者服务。其次，市场化进程较高的地区，政府干预较少，市场竞争环境较充分，监管效率与法律法规执行效率也较高，为公司提供了更优质的外部环境，有利于降低管理者与股东之间的代理成本，促进会计信息质量提升，但目前我国地区间的市场化进程高低不同且差异明显。最后，产品市场竞争能够降低企业代理成本，提升代理效率，产品市场的适度竞争能有效提高会计信息质量，当外部产品市场竞争越激烈时，对公司管理层的监督程度越强，可以促使管理层更加努力工作，提高公司绩效，但我国目前低集中度的市场结构容易导致恶性竞争，政府如果过度实行市场准入、行政管制等，会削弱潜在的行业竞争程度，会严重干扰已有在位企业间的竞争，进而影响企业高质量会计信息的生成，降低资本配置效率。因此，相关部门应该继续推进要素市场改革，提高要素市场交易的公开透明度，减少垄断，引进市场竞争机制，形成优胜劣汰的公平竞争环境，减少政府对经济的过度干预，改善公共服务水平，为产业组织优化创造良好的制度环境，促使市场化改革和有序竞争更好地服务于资源配置效率提升。

第三节　研究局限与未来展望

本书尝试将沪港通交易机制实施的经济后果研究拓展至微观公司领域，以加深对沪港通政策实施效果的认识。但囿于自身能力与客观环境的限制，研究还存在不足，由此提出未来研究展望。

一、研究局限

首先，本书对沪港通交易机制与会计信息可比性的研究仍是以委托代理理论和公司治理理论为基础，以有效市场假说以及会计信息观为落脚点，仅仅是对原有理论的补充。

其次，我国沪港通交易机制试点仅选取部分上市公司作为标的股票，这种政策层面的选取可能存在样本偏误而影响研究结果，虽然本书采用PSM + DID的研究方法，并且通过对样本组和控制组进行安慰剂检验等方法尽可能解决内生性问题，但样本选取的偏误问题仍然值得注意。

再次，会计信息可比性的测算是本书研究的难点，借鉴德－弗兰科等（2011）基于盈余—收益回归模型的可比性测度方法测算上市公司会计信息可比性，由此产生的会计信息可比性数据缺失较多（有效样本仅为8300个），导致总样本减少至7683个，而未合并会计信息可比性数据前的有效样本为17476个；同时，目前尚无文献尝试验证该方法在我国这种特殊制度背景下的适用性和有效性。我国与西方发达国家在制度环境方面存在较大差异，尽管国内近年来也有不少学者借鉴该方法研究会计信息可比性的影响因素问题，也取得了不少研究成果，但其在我国特殊制度背景下的适用性和有效性仍然存疑，本书的研究也没有找到合适的办法去验证该方法在我国的适用性和有效性，并消除因制度背景差异对研究结论带来的影响。

最后，由于沪港通交易机制实施的时间点较新，可获取的数据有限，本书无法分析沪港通交易机制与内部控制质量以及会计信息可比性之间的深远影响。随着我国资本市场的日益完善，沪港通交易机制更长窗口期的经验数据是否会支持伍格勒（2010）的"资本市场对外开放能显著提高发展中国家的资本配置效率，但对发达国家却不显著"这一研究结论尚不可知。

二、未来研究展望

鉴于上述研究不足，可以从以下方面继续探讨和完善沪港通交易机制实施对会计信息可比性的影响。

第一，采用沪港通交易机制更长窗口期的经验数据，检验沪港通交易机制与内部控制质量以及会计信息可比性之间的长期影响，验证我国的沪港通交易机制会否因为政策红利而催生"懒人"现象，导致上市公司内生发展动力不足，或验证我国沪港通交易机制更长窗口期的经验数据是否会与伍格勒（2010）"资本市场对外开放能显著提高发展中国家的资本配置效率，但对发达国家却不显著"的研究结论一致。

第二，本书对沪港通交易机制实施的经济后果研究主要围绕标的公司展开，事实上，沪港通实施后，标的股票同行业或上下游的企业也可能受到沪港通实施的影响。因此，未来可以围绕沪港通交易机制的溢出效应展开研究。

第三，沪港通交易机制也可能影响会计信息质量的其他特征，还可能影响审计师和媒体等中介机构，限于篇幅，本书并未就此展开，未来可以围绕沪港通交易机制的实施对其他会计信息质量特征以及中介机构的影响展开研究。

第四，近些年我国资本市场开放的举措除了沪港通实施外，还有深港通、沪伦通的启动，因本书选取样本期只截止到 2017 年，相对于深港通开通时间 2016 年 11 月，时间轴较短，考虑到其对本书的估计结果影响较小，故未探讨深港通机制对会计信息可比性的影响；而沪伦通的正式启动则为 2019 年 6 月 17 日，未在本书研究的样本期内，故也未予讨论，但为全面考察资本市场开放的经济后果，未来可以围绕深港通、沪伦通机制对会计信息可比性的影响展开研究。

参 考 文 献

[1] 白华，高立. 财务报告内部控制：一个悖论［J］. 会计研究，2011（03）：68-75，95.

[2] 步丹璐，屠长文. 外资持股、制度环境与审计质量［J］. 审计研究，2017（04）：65-72.

[3] 步磊，范亚东. 公司治理结构对内部控制有效性的影响研究［J］. 会计之友，2014（08）：42-45.

[4] 蔡志岳，吴世农. 董事会特征影响上市公司违规行为的实证研究［J］. 南开管理评论，2007（06）：62-68，92.

[5] 陈红，王磊. 产品市场竞争对公司代理成本和代理效率的影响［J］. 当代经济研究，2014（4）：37-43.

[6] 陈关亭，黄小琳，章甜. 基于企业风险管理框架的内部控制评价模型及应用［J］. 审计研究，2013（06）：93-101.

[7] 陈丽蓉，黄瑶. 管理层剩余控制权、剩余索取权与内部控制审计相关性研究［J］. 中国注册会计师，2013（07）：88-94.

[8] 陈露兰，王昱升. 证券分析师跟踪与企业社会责任信息披露——基于中国资本市场的研究［J］宏观经济研究，2014（05）：107-116.

[9] 陈胜蓝，魏明海. 投资者保护与财务会计信息质量［J］. 会计研究，2006（10）：28-35，95.

[10] 陈汉文，董望. 财务报告内部控制研究述评——基于信息经济学的研究范式［J］. 厦门大学学报（哲学社会科学版），2010（03）：20-27.

[11] 程小可，杨程程，姚立杰. 内部控制、银企关联与融资约束——来自中国上市公司的经验证据［J］. 审计研究，2013（05）：80-86.

［12］程小可，郑立东，姚立杰．内部控制能否抑制真实活动盈余管理？——兼与应计盈余管理之比较［J］.中国软科学，2013（03）：120－131.

［13］程晓陵，王怀明．公司治理结构对内部控制有效性的影响［J］.审计研究，2008（04）：53－61.

［14］程新生．论公司治理与会计控制［J］.会计研究，2003（02）：42－46.

［15］池国华，杨金，邹威．高管背景特征对内部控制质量的影响研究——来自中国A股上市公司的经验证据［J］.会计研究，2014（11）：67－74，97.

［16］池国华，张传财，韩洪灵．内部控制缺陷信息披露对个人投资者风险认知的影响：一项实验研究［J］.审计研究，2012（02）：105－112.

［17］邓文涛，平瑗嘉，熊欢欢．内部控制、管理层权力对审计费用影响研究［J］.中国注册会计师，2018（05）：49－54，3.

［18］董望，陈汉文．内部控制、应计质量与盈余反应——基于中国2009年A股上市公司的经验证据［J］.审计研究，2011（04）：68－78.

［19］樊纲，王小鲁，马光荣．中国市场化进程对经济增长的贡献［J］.经济研究，2011，46（09）：4－16.

［20］樊纲，王小鲁，张立文，朱恒鹏．中国各地区市场化相对进程报告［J］.经济研究，2003（03）：9－18，89.

［21］樊行健，肖光红．关于企业内部控制本质与概念的理论反思［J］.会计研究，2014（02）：4－11，9.

［22］范经华，张雅曼，刘启亮．内部控制、审计师行业专长、应计与真实盈余管理［J］.会计研究，2013（04）：81－88，96.

［23］方红星，陈作华．高质量内部控制能有效应对特质风险和系统风险吗？［J］.会计研究，2015（04）：70－77，96.

［24］方红星，金玉娜．高质量内部控制能抑制盈余管理吗？——基于自愿性内部控制鉴证报告的经验研究［J］.会计研究，2011（08）：53－

60，96.

[25] 方红星，张勇，王平. 法制环境、供应链集中度与企业会计信息可比性 [J]. 会计研究，2017 (07)：33 - 40，96.

[26] 甘露润，张淑慧. 公司治理、分析师关注与股票市场信息含量 [J]. 财经问题研究，2013 (06)：58 - 65.

[27] 干胜道，胡明霞. 管理层权力、内部控制与过度投资——基于国有上市公司的证据 [J]. 审计与经济研究，2014，29 (05)：40 - 47.

[28] 郭阳生，沈烈，郭枚香. 沪港通改善了上市公司信息环境吗？——基于分析师关注度的视角 [J]. 证券市场导报，2018 (10)：35 - 43，50.

[29] 韩忠雪，毛安敏. 公司治理结构对内部控制缺陷披露的影响 [J]. 财会月刊，2016 (12)：8 - 13.

[30] 郝振平. COSO 委员会新版《内部控制整合框架》的主要内容和实施策略 [J]. 中国内部审计，2014 (03)：20 - 24.

[31] 胡明霞，干胜道. 管理层权力、内部控制与高管腐败 [J]. 中南财经政法大学学报，2015 (03)：87 - 93.

[32] 胡明霞. 管理层权力、内部控制质量与盈余管理 [J]. 重庆大学学报（社会科学版），2018，24 (02)：66 - 76.

[33] 华鸣，孙谦. 外国投资者降低了新兴市场股价崩盘风险吗——来自"沪港通"的经验证据 [J]. 当代财经，2018 (01)：57 - 67.

[34] 黄娟，张配配. 管理层权力、内部控制信息披露质量与企业绩效 [J]. 南京审计大学学报，2017，14 (02)：1 - 10.

[35] 贾万军，姜佩岑. 管理层权力、内部控制与会计稳健性 [J]. 财会通讯，2017 (18)：91 - 95.

[36] 姜付秀，刘志彪. 行业特征、资本结构与产品市场竞争 [J]. 管理世界，2005 (10)：74 - 81.

[37] 姜付秀，黄磊，张敏. 产品市场竞争、公司治理与代理成本 [J]. 世界经济，2009 (10)：46 - 59.

[38] 蒋荣，陈丽蓉. 产品市场竞争治理效应的实证研究——基于

CEO 变更视角 [J]. 经济科学, 2007 (02): 102 - 111.

[39] 孔东民, 刘莎莎, 王亚男. 市场竞争、产权与政府补贴 [J]. 经济研究, 2013, 48 (02): 55 - 67.

[40] 雷英, 吴建友, 孙红. 内部控制审计对会计盈余质量的影响——基于沪市 A 股上市公司的实证分析 [J]. 会计研究, 2013 (11): 75 - 81, 96.

[41] 李春涛, 宋敏, 张璇. 分析师跟踪与企业盈余管理——来自中国上市公司的证据 [J]. 金融研究, 2014 (07): 124 - 139.

[42] 李端生, 周虹. 高管团队特征、垂直对特征差异与内部控制质量 [J]. 审计与经济研究, 2017, 32 (02): 24 - 34.

[43] 李连华, 唐国平. 内部控制效率: 理论框架与测度评价 [J]. 会计研究, 2012 (05): 16 - 21, 93.

[44] 李明辉, 张艳. 上市公司内部控制审计若干问题之探讨——兼论我国内部控制鉴证指引的制定 [J]. 审计与经济研究, 2010, 25 (02): 38 - 47.

[45] 李明辉. 论我国衍生工具内部控制机制的构建 [J]. 会计研究, 2008 (01): 39 - 46.

[46] 李科, 徐龙炳. 资本结构、行业竞争与外部治理环境 [J]. 经济研究, 2009, 44 (06): 116 - 128.

[47] 李万福, 林斌, 宋璐. 内部控制在公司投资中的角色: 效率促进还是抑制? [J]. 管理世界, 2011 (02): 81 - 99, 188.

[48] 李维安, 戴文涛. 公司治理、内部控制、风险管理的关系框架——基于战略管理视角 [J]. 审计与经济研究, 2013, 28 (04): 3 - 12.

[49] 李心合. 内部控制研究的困惑与思考 [J]. 会计研究, 2013 (06): 54 - 61, 96.

[50] 李志斌. 内部控制、股权集中度与投资者关系管理——来自 A 股上市公司投资者关系调查的证据 [J]. 会计研究, 2013 (12): 72 - 78, 97.

[51] 李志斌. 市场化进程、实际控制人与内部控制有效性——来自我国上市公司的经验证据 [J]. 财经科学, 2013 (06): 63 - 70.

［52］李志胜，朱霏君．信息含量、机构投资者与股价同步性——来自股票增发市场的经验证据［J］会计研究，2010（07）：19－26.

［53］连立帅，朱松，陈超．资本市场开放与股价对企业投资的引导作用：基于沪港通交易制度的经验证据［J］．中国工业经济，2019（03）：100－118.

［54］林钟高，张春艳，丁茂桓．市场化进程、内部控制缺陷及其修复与企业社会责任［J］．安徽师范大学学报（人文社会科学版），2018，46（02）：57－68.

［55］梁杰，王璇，李进中．现代公司治理结构与会计舞弊关系的实证研究［J］．南开管理评论，2004（06）：47－51.

［56］林钟高，吴利娟．公司治理与会计信息质量的相关性研究［J］．会计研究，2004（08）：65－71.

［57］刘凤委，孙铮，李增泉．政府干预、行业竞争与薪酬契约——来自国有上市公司的经验证据［J］．管理世界，2007（09）：76－84，128.

［58］刘海飞，柏巍，李冬昕，许金涛．沪港通交易制度能提升中国股票市场稳定性吗？——基于复杂网络的视角［J］．管理科学学报，2018，21（01）：97－110.

［59］刘明辉．内部控制鉴证：争论与选择［J］．会计研究，2010（09）：43－50，97.

［60］刘启亮，罗乐，何威风，陈汉文．产权性质、制度环境与内部控制［J］．会计研究，2012（03）：52－61，95.

［61］刘启亮，罗乐，张雅曼，陈汉文．高管集权、内部控制与会计信息质量［J］．南开管理评论，2013，16（01）：15－23.

［62］刘玉廷，王宏．提升企业内部控制有效性的重要制度安排——关于实施企业内部控制注册会计师审计的有关问题［J］．会计研究，2010（07）：3－10，95.

［63］卢锐，柳建华，许宁．内部控制、产权与高管薪酬业绩敏感性［J］．会计研究，2011（10）：42－48，96.

［64］罗栎心，伍利娜．资本市场开放对公司审计的影响——基于

"陆港通"背景的实证研究 [J]. 审计研究, 2018 (05): 65 – 73.

[65] 罗忠莲, 田兆丰. 上市公司战略差异度、高质量审计与会计信息可比性 [J]. 山西财经大学学报, 2018, 40 (08): 109 – 124.

[66] 吕大永, 万孝园. 沪港通提高了沪市标的的"股价信息含量"了吗? [J]. 投资研究, 2017, 36 (10): 91 – 105.

[67] 吕敏康, 陈晓萍. 分析师关注、媒体报道与股价信息含量 [J]. 厦门大学学报 (哲学社会科学版), 2018 (02): 75 – 84.

[68] Mary E. Barth, 李英, 叶康涛. 财务报告的全球可比性——是什么、为什么、如何做以及何时实现 [J]. 会计研究, 2013 (05): 3 – 10, 95.

[69] 毛新述, 孟杰. 内部控制与诉讼风险 [J]. 管理世界, 2013 (11): 155 – 165.

[70] 南京大学会计与财务研究院课题组. 论中国企业内部控制评价制度的现实模式——基于 112 个企业案例的研究 [J]. 会计研究, 2010 (06): 51 – 61, 96.

[71] 潘慧峰, 刘曦彤, 周轩宇. 资本市场对外开放促使价值投资回归了吗?——来自沪港通的证据 [J]. 国际金融研究, 2018 (11): 77 – 86.

[72] 潘临, 朱云逸, 游宇. 环境不确定性、内部控制质量与会计信息可比性 [J]. 南京审计大学学报, 2017, 14 (05): 78 – 88.

[73] 潘越, 戴亦一, 林超群. 信息不透明、分析师关注与个股暴跌风险 [J]. 金融研究, 2011 (9): 138 – 150.

[74] 彭桃英, 汲德雅. 媒体监督、内部控制质量与管理层代理成本 [J]. 财经理论与实践, 2014, 35 (02): 61 – 65.

[75] 邱实, 陈倩. 企业内部控制质量的测量及影响因素研究综述 [J]. 理论月刊, 2018 (07): 37 – 41.

[76] 佘珍, 王立. 沪港通对 A 股市场冲击的实证研究 [J]. 南京审计大学金融学院, 2018.

[77] 宋清辉. 沪港通带给两地市场三大好处 [N]. 证券日报, 2014 – 08 – 02 (B02).

[78] 孙光国, 李冰慧. 内部控制有效性评价理论框架研究——基于

投资者保护的视角 [J]. 财经问题研究, 2014 (02): 95-101.

[79] 孙光国, 杨金凤. 机构投资者持股能提高会计信息可比性吗? [J]. 财经论丛, 2017 (08): 65-74.

[80] 覃家琦. 中国H+A交叉上市的动机与经济后果——历史考察与理论预测 [J]. 制度经济学研究, 2016 (03): 87-113.

[81] 汪健. 治理特征、治理环境与关联交易——来自A股上市公司的经验证据 [J]. 山西财经大学学报, 2014, 36 (06): 78-89.

[82] 王光远, 瞿曲. 公司治理中的内部审计——受托责任视角的内部治理机制观 [J]. 审计研究, 2006 (02): 29-37.

[83] 王继恒. 分析师跟踪、投资者关注与股价同步性 [J]. 中国注册会计师, 2018 (03).

[84] 王晶, 彭博, 熊焰韧, 张萍, 张娟. 内部控制有效性与会计信息质量——西方内部控制研究文献导读及中国制度背景下的展望 (一) [J]. 会计研究, 2015 (06): 87-95, 97.

[85] 王俊, 吴溪. 管理层变更伴随着更严格的内部控制缺陷认定标准吗? [J]. 会计研究, 2017 (04): 81-87, 96.

[86] 王雄元, 刘焱. 产品市场竞争与信息披露质量的实证研究 [J]. 经济科学, 2008 (1): 92-103.

[87] 吴秋生, 杨瑞平. 内部控制评价整合研究 [J]. 会计研究, 2011 (09): 55-60, 97.

[88] 肖柯. 公司治理与管理融合视角下内部监控机制构建——基于上市公司的一个理论框架 [J]. 云南财经大学学报, 2014, 30 (02): 20-26.

[89] 谢盛纹, 刘杨晖. 审计师变更、前任审计师任期和会计信息可比性 [J]. 审计研究, 2016 (02): 82-89.

[90] 谢盛纹, 陶然. 年报预约披露推迟、分析师关注与股价崩盘风险 [J] 会计与经济研究, 2017, 31 (01): 3-19.

[91] 谢盛纹, 王清. 会计师事务所行业专长与会计信息可比性: 来自我国证券市场的证据 [J]. 当代财经, 2016 (05): 108-119.

[92] 谢志华, 内部控制、公司治理、风险管理: 关系与整合 [J].

会计研究，2007（10）：37－45，95.

[93] 邢立全，陈汉文.产品市场竞争、竞争地位与审计收费——基于代理成本与经营风险的双重考量 [J].审计研究，2013（03）：50－58.

[94] 胥朝阳，刘睿智.提高会计信息可比性能抑制盈余管理吗？[J].会计研究，2014（07）：50－57，97.

[95] 徐虹，韦慧玲，林钟高.市场化进程、内部控制与独立审计 [J].财经论丛，2014（10）：59－67.

[96] 徐莉萍，辛宇，陈工孟.股权集中度和股权制衡及其对公司经营绩效的影响 [J].经济研究，2006（01）：90－100.

[97] 徐晓光，余博文，郑尊信.内地股市与香港股市融合动态分析——基于沪港通视角 [J].证券市场导报，2015（10）：61－66.

[98] 徐向艺，王俊韡.股权结构与公司治理绩效实证分析 [J].中国工业经济，2005（06）：112－119.

[99] 许宁宁.管理层能力与内部控制——来自中国上市公司的经验证据 [J].审计研究，2017（02）：80－88.

[100] 许新霞，王学军.双重委托代理下的治理策略与内部控制 [J].会计研究，2007（02）：59－64.

[101] 许瑜，冯均科，杨菲.媒体关注、内部控制有效性与企业创新绩效 [J].财经论丛，2017（12）：88－96.

[102] 薛祖云，黄彤.董事会、监事会制度特征与会计信息质量——来自中国资本市场的经验分析 [J].财经理论与实践，2004（04）：84－89.

[103] 严佳佳，郭明华，何乐融.人民币国际化的制约：资本账户未开放还是金融市场欠发达 [J].经济学家，2018（08）：67－74.

[104] 杨道广，张传财，陈汉文.内部控制、并购整合能力与并购业绩——来自我国上市公司的经验证据 [J].审计研究，2014（03）：43－50.

[105] 杨德明，史亚雅.内部控制质量会影响企业战略行为么？——基于互联网商业模式视角的研究 [J].会计研究，2018（02）：69－75.

[106] 杨清香，俞麟，宋丽.内部控制信息披露与市场反应研究——来自中国沪市上市公司的经验证据 [J].南开管理评论，2012，15（01）：

123 - 130.

[107] 杨雄胜. 内部控制范畴定义探索 [J]. 会计研究, 2011 (08): 46 - 52, 96.

[108] 杨有红, 何玉润, 王茂林. 市场化程度、法律环境与企业内部控制自我评估报告的披露——基于沪市 A 股上市公司的数据分析的 [J]. 上海立信会计学院学报, 2011 (19): 10 - 16.

[109] 叶陈刚, 裘丽, 张立娟. 公司治理结构、内部控制质量与企业财务绩效 [J]. 审计研究, 2016 (02): 104 - 112.

[110] 叶飞腾, 薛爽, 杨辰. 会计师事务所合并能提高财务报表的可比性吗? ——基于中国上市公司的经验证据 [J]. 会计研究, 2017 (03): 68 - 74, 95.

[111] 叶康涛, 曹丰, 王化成. 内部控制信息披露能够降低股价崩盘风险吗? [J]. 金融研究, 2015 (02): 192 - 206.

[112] 袁知柱, 吴粒. 会计信息可比性与企业应计及真实盈余管理行为选择 [J]. 中国会计评论, 2015 (04): 453 - 486.

[113] 袁知柱, 张小曼, 于雪航. 产品市场竞争与会计信息可比性 [J]. 管理评论, 2017, 29 (10): 234 - 247.

[114] 袁知柱, 吴粒. 会计信息可比性研究评述及未来展望 [J]. 会计研究, 2012 (09): 9 - 15.

[115] 张纯, 吕伟. 信息披露、信息中介与企业过度投资 [J]. 会计研究, 2009 (01): 60 - 65, 97.

[116] 张继德, 纪佃波, 孙永波. 企业内部控制有效性影响因素的实证研究 [J]. 管理世界, 2013 (08): 179 - 180.

[117] 张霁若. CEO 变更对会计信息可比性的影响研究 [J]. 会计研究, 2017 (11): 52 - 57, 96.

[118] 张娟, 黄志忠. 内部控制、技术创新和公司业绩——基于我国制造业上市公司的实证分析 [J]. 经济管理, 2016, 38 (09): 120 - 134.

[119] 张萍, 闵权凤, 徐巍. 股权激励、高管权力与内部控制 [J]. 华东经济管理, 2015, 29 (01): 44 - 51.

[120] 张旺峰，张兆国，杨清香．内部控制与审计定价研究——基于中国上市公司的经验证据 [J]．审计研究，2011（05）：65 - 72．

[121] 张先治，刘坤鹏，李庆华．战略偏离度、内部控制质量与财务报告可比性 [J]．审计与经济研究，2018，33（06）：35 - 47．

[122] 张晓，肖志超．管理层过度自信会影响会计信息可比性吗？[J]．中央财经大学学报，2018（05）：59 - 71．

[123] 张颖，郑洪涛．我国企业内部控制有效性及其影响因素的调查与分析 [J]．审计研究，2010（01）：75 - 81．

[124] 张永杰，潘临．客户集中度、公司治理水平与会计信息可比性 [J]．山西财经大学学报，2018，40（11）：110 - 124．

[125] 张勇．投资者实地调研与企业会计信息可比性——来自深交所"互动易"平台的经验证据 [J]．证券市场导报，2018（05）：13 - 22．

[126] 张勇．外部监督、关联方交易与企业会计信息可比性 [J]．现代财经（天津财经大学学报），2018，38（03）：99 - 113．

[127] 张志超，汪方军，马莉珠．会计信息可比性的影响因素与经济后果：文献综述与展望 [J]．财务研究，2018（05）：89 - 97．

[128] 赵息，许宁宁．管理层权力、机会主义动机与内部控制缺陷信息披露 [J]．审计研究，2013（04）：101 - 109．

[129] 赵息，张西栓．内部控制、高管权力与并购绩效——来自中国证券市场的经验证据 [J]．南开管理评论，2013，16（02）：75 - 81．

[130] 郑石桥，郑卓如．核心文化价值观和内部控制执行：一个制度协调理论架构 [J]．会计研究，2013（10）：28 - 34，96．

[131] 中国上市公司内部控制指数研究课题组，王宏，蒋占华，胡为民，赵丽生，林斌．中国上市公司内部控制指数研究 [J]．会计研究，2011（12）：20 - 24，96．

[132] 钟凯，孙昌玲，王永妍，王化成．资本市场对外开放与股价异质性波动——来自"沪港通"的经验证据 [J]．金融研究，2018（07）：174 - 192．

[133] 钟覃琳，陆正飞．资本市场开放能提高股价信息含量吗？——

基于"沪港通"效应的实证检验 [J]. 管理世界, 2018, 34 (01): 169 – 179.

[134] 周冬华, 方瑄, 黄文德. 境外投资者与高质量审计需求——来自沪港通政策实施的证据 [J]. 审计研究, 2018 (06): 56 – 64.

[135] 周美华, 林斌, 林东杰. 管理层权力、内部控制与腐败治理 [J]. 会计研究, 2016 (03): 56 – 63, 96.

[136] 周夏飞, 周强龙. 产品市场势力、行业竞争与公司盈余管理——基于中国上市公司的经验证据 [J]. 会计研究, 2014 (08): 60 – 66, 97.

[137] 周晓苏, 王磊, 陈沉. 企业间高管联结与会计信息可比性——基于组织间模仿行为的实证研究 [J]. 南开管理评论, 2017, 20 (03): 100 – 112.

[138] 朱红军, 何贤杰, 陶林. 中国的证券分析师能够提高资本市场的效率吗——基于股价同步性和股价信息含量的经验证据 [J] 金融研究. 2007 (2): 110 – 121.

[139] Arestis P, Caner A. Financial liberalization and poverty: channels of influence [M] //Financial Liberalization. Palgrave Macmillan, London, 2005: 90 – 128.

[140] Ashbaugh – Skaife H, Collins D W, Kinney Jr W R, et al. The effect of SOX internal control deficiencies and their remediation on accrual quality [J]. The Accounting Review, 2008, 83 (1): 217 – 250.

[141] Ashbaugh – Skaife H, Collins D W, Kinney Jr W R. The discovery and reporting of internal control deficiencies prior to SOX-mandated audits [J]. Journal of Accounting and Economics, 2007, 44 (1 – 2): 166 – 192.

[142] Baier S L, Dwyer G P, Tamura R. Modern economic growth and recent stagnation [J]. Economic Review – Federal Reserve Bank of Atlanta, 2003, 88 (3): 45 – 62.

[143] Baker M, Litov L, Wachter J A, et al. Can mutual fund managers pick stocks? Evidence from their trades prior to earnings announcements [J]. Journal of Financial and Quantitative Analysis, 2010, 45 (5): 1111 – 1131.

［144］ Beasley M S, Carcello J V, Hermanson D R, et al. Fraudulent financial reporting: Consideration of industry traits and corporate governance mechanisms ［J］. Accounting Horizons, 2000, 14 (4): 441 –454.

［145］ Beasley W G. The rise of modern Japan: Political, economic, and social change since 1850 ［M］. Macmillan, 2000.

［146］ Bekaert G, Harvey C R, Lundblad C T, et al. What segments equity markets? ［J］. The Review of Financial Studies, 2011, 24 (12): 3841 – 3890.

［147］ Bell T B, Carcello J V. A decision aid for assessing the likelihood of fraudulent financial reporting ［J］. Auditing: A Journal of Practice & Theory, 2000, 19 (1): 169 –184.

［148］ Bhushan R. Firm characteristics and analyst following ［J］. Journal of accounting and economics, 1989, 11 (2 –3): 255 –274.

［149］ Chari A, Henry P B. Risk sharing and asset prices: evidence from a natural experiment ［J］. The Journal of Finance, 2004, 59 (3): 1295 – 1324.

［150］ Chung R, Firth M, Kim J B. Institutional monitoring and opportunistic earnings management ［J］. Journal of corporate finance, 2002, 8 (1): 29 –48.

［151］ Cohen S, Karatzimas S. Accounting information quality and decision-usefulness of governmental financial reporting: Moving from cash to modified cash ［J］. Meditari Accountancy Research, 2017, 25 (1): Nov –953.

［152］ COSO. Enterprise Risk Management—Integrated Framework ［R］. 2004.

［153］ Crosby D C. Banking on China's WTO commitments: 'same bed, different dreams' in China's financial services sector ［M］ //Law and the Market Economy in China. Routledge, 2017: 287 –317.

［154］ De Franco G, Kothari S P, Verdi R S. The benefits of financial statement comparability ［J］. Journal of Accounting Research, 2011, 49 (4):

895 – 931.

［155］Demerjian P，Lev B，McVay S. Quantifying managerial ability：A new measure and validity tests［J］. Management science，2012，58（7）：1229 – 1248.

［156］Doyle J T，Ge W，McVay S. Accruals quality and internal control over financial reporting［J］. The accounting review，2007，82（5）：1141 – 1170.

［157］Erkens D H，Hung M，Matos P. Corporate governance in the 2007 – 2008 financial crisis：Evidence from financial institutions worldwide［J］. Journal of corporate finance，2012，18（2）：389 – 411.

［158］Fan Q，Wang T. The impact of Shanghai – Hong Kong Stock Connect policy on AH share price premium［J］. Finance Research Letters，2017，21：222 – 227.

［159］Fang V W，Maffett M，Zhang B. Foreign institutional ownership and the global convergence of financial reporting practices［J］. Journal of Accounting Research，2015.

［160］Francis J. R.，Pinnuck M. L.，Watanabe O. Auditor Style and Financial Statement Comparability［J］. The Accounting Review，2014，89（2）：605 – 633.

［161］Gourinchas P O，Jeanne O. On the benefits of capital account liberalization for emerging economies［C］//Unpublished manuscript presented at the World Bank conference "Financial Globalization：A Blessing or a Curse. 2002.

［162］Hamilton R E，Wright W F. Internal control judgments and effects of experience：Replications and extensions［J］. Journal of Accounting Research，1982：756 – 757.

［163］Henry P B. Stock market liberalization，economic reform，and emerging market equity prices［J］. The Journal of Finance，2000，55（2）：529 – 564.

[164] Holthausen R W. Testing the relative power of accounting standards versus incentives and other institutional features to influence the outcome of financial reporting in an international setting [J]. Journal of Accounting and Economics, 2003, 36 (1 - 3): 271 - 283.

[165] Huo R, Ahmed A D. Return and volatility spillovers effects: Evaluating the impact of Shanghai - Hong Kong Stock Connect [J]. Economic Modelling, 2017, 61: 260 - 272.

[166] Jaafar A, McLeay S. Country effects and sector effects on the harmonization of accounting policy choice [J]. Abacus, 2007, 43 (2): 156 - 189.

[167] Jayanthi Krishnan. Audit Committee Quality financial expertise and Internal Control: An Empirical Analysis, The Accounting Review, 2005, 80 (2): 649 - 675.

[168] Jeffrey Doyle, Weili Ge, Sarah Mc Vay. Determinant of weakness on internal control over financial reporting, SSRN working paper, 2006.

[169] Jiang F, Jiang Z, Kim K A. Capital markets, financial institutions, and corporate finance in China [J]. Journal of Corporate Finance, 2017.

[170] Kaminsky G L, Schmukler S L. Short-run pain, long-run gain: Financial liberalization and stock market cycles [J]. Review of Finance, 2008, 12 (2): 253 - 292.

[171] Kim Y, Sohn D, Choi S M. Cultural difference in motivations for using social network sites: A comparative study of American and Korean college students [J]. Computers in human behavior, 2011, 27 (1): 365 - 372.

[172] Klenow P J, Rodriguez - Clare A. The neoclassical revival in growth economics: Has it gone too far? [J]. NBER Macroeconomics Annual, 1997, 12: 73 - 103.

[173] Knight B. Endogenous federal grants and crowd-out of state government spending: Theory and evidence from the federal highway aid program [J]. American Economic Review, 2002, 92 (1): 71 - 92.

［174］ Koo D S, Ramalingegowda S, Yu Y. The effect of financial reporting quality on corporate dividend policy ［J］. Review of Accounting Studies, 2017, 22 (2): 753 –790.

［175］ Krishnan G V, Visvanathan G. Does the SOX definition of an accounting expert matter? The association between audit committee directors' accounting expertise and accounting conservatism ［J］. Contemporary Accounting Research, 2008, 25 (3): 827 –858.

［176］ LaFond R, Watts R L. The information role of conservatism ［J］. The Accounting Review, 2008, 83 (2): 447 –478.

［177］ LaFond R. Managerial Ownership and Accounting Conservatism ［J］. Journal of accounting research, 2008, 461 (1): 101 –135.

［178］ Leftwich R, Zmijewski M E. Contemporaneous announcements of dividends and earnings ［J］. Journal of Accounting, Auditing & Finance, 1994, 9 (4): 725 –762.

［179］ Leuz C, Nanda D, Wysocki P D. Earnings management and investor protection: an international comparison ［J］. Journal of financial economics, 2003, 69 (3): 505 –527.

［180］ Li Q, Wang T. Financial reporting quality and corporate investment efficiency: Chinese experience ［J］. Nankai Business Review International, 2010, 1 (2): 197 –213.

［181］ Li X M, Peng L. US economic policy uncertainty and comovements between Chinese and US stock markets ［J］. Economic Modelling, 2017: 61.

［182］ Liu M, Wysocki P. Cross-sectional determinants of information quality proxies and cost of capital measures ［J］. Quarterly Journal of Finance, 2017, 7 (02): 1650016.

［183］ Lobo G. J. Minsup S. Accruals Quality and Analyst Coverage", SSRN Working Paper, 2007.

［184］ Ma J. The Influence of Shanghai (Shenzhen) – Hongkong Stock Connect Program on the Dynamic Correlation between those Markets – An Empirical Analysis Based on DCC – VaR – MVGARCH Model ［C］//2018 2nd International Conference on Management, Education and Social Science (ICMESS 2018). Atlantis Press, 2018.

［185］ Ma S. The efficiency of China's stock market ［M］. Routledge, 2017.

［186］ Malkiel B G, Fama E F. Efficient capital markets: A review of theory and empirical work ［J］. The Journal of Finance, 1970, 25 (2): 383 – 417.

［187］ Mbuyi E. An investigation into the harmony of accounting practices by listed companies on leading stock markets ［D］. University of Cape Town, 2006.

［188］ Merton R C. A simple model of capital market equilibrium with incomplete information ［J］. The journal of finance, 1987, 42 (3): 483 – 510.

［189］ Mitton T. Stock market liberalization and operating performance at the firm level ［J］. Journal of Financial Economics, 2006, 81 (3): 625 – 647.

［190］ Novianti R. Kajian kualitas laba pada perusahaan manufaktur yang terdaftar di BEI ［J］. Accounting Analysis Journal, 2012, 1 (2).

［191］ Ogneva M, Subramanyam K R, Raghunandan K. Internal control weakness and cost of equity: Evidence from SOX Section 404 disclosures ［J］. The Accounting Review, 2007, 82 (5): 1255 – 1297.

［192］ Oliver G D, Keeley D W. Gluteal muscle group activation and its relationship with pelvis and torso kinematics in high-school baseball pitchers ［J］. The Journal of Strength & Conditioning Research, 2010, 24 (11): 3015 – 3022.

［193］ Petrovits C, Shakespeare C, Shih A. The causes and consequences of internal control problems in nonprofit organizations ［J］. The Accounting Review, 2011, 86 (1): 325 – 357.

［194］ Platikanova P, Mattei M M. Firm geographic dispersion and financial analysts' forecasts [J]. Journal of Banking & Finance, 2016, 64: 71 – 89.

[195] Prawitt D F, Smith J L, Wood D A. Internal audit quality and earnings management [J]. The Accounting Review, 2009, 84 (4): 1255 – 1280.

[196] Quinn D P, Toyoda A M. Does capital account liberalization lead to growth? [J]. The Review of Financial Studies, 2008, 21 (3): 1403 – 1449.

[197] R Chen, SE Ghoul, O Guedhami, H Wang, "Do state and foreign ownership affect investment efficiency? Evidence from privatizations", Journal of Corporate Finance, 2014.

[198] Rejeb A B, Boughrara A. Financial liberalization and stock markets efficiency: New evidence from emerging economies [J]. Emerging Markets Review, 2013, 17: 186 – 208.

[199] Rodrigues A M, de Melo Teixeira M, de Hoog G S, et al. Phylogenetic analysis reveals a high prevalence of Sporothrix brasiliensis in feline sporotrichosis outbreaks [J]. PLoS neglected tropical diseases, 2013, 7 (6): e2281.

[200] Singer Z, You H. The effect of Section 404 of the Sarbanes – Oxley Act on earnings quality [J]. Journal of Accounting, Auditing & Finance, 2011, 26 (3): 556 – 589.

[201] Soderstrom N S, Sun K J. IFRS adoption and accounting quality: a review [J]. European Accounting Review, 2007, 16 (4): 675 – 702.

[202] Stergiopoulou A, Kalkani E. Investigating the hydrodynamic behavior of innovative archimedean hydropower turbines [J]. International Journal of Research and Reviews in Applied Sciences, 2013, 17 (1): 87 – 96.

[203] Sun J. Governance role of analyst coverage and investor protection [J]. Financial Analysts Journal, 2009, 65 (6): 52 – 64.

[204] Susanto A. How the quality of accounting information system impact on accounting information quality (Research on Higher Education in Bandung) [J]. Journal of Engineering and Applied Sciences, 2017, 12 (14): 3672 – 3677.

［205］ Umutlu M, Akdeniz L, Altay – Salih A. The degree of financial lib-eralization and aggregated stock-return volatility in emerging markets ［J］. Journal of banking & finance, 2010, 34 (3): 509 – 521.

［206］ Value Relevance of accounting information in capital markets ［M］. IGI Global, 2017.

［207］ Wang Y C, Tsai J J, Li Q. Policy impact on the Chinese stock market: From the 1994 bailout policies to the 2015 Shanghai – Hong Kong stock connect ［J］. International Journal of Financial Studies, 2017, 5 (1): 4.

［208］ Wurgler J. Financial markets and the allocation of capital ［J］. Journal of financial economics, 2000, 58 (1 – 2): 187 – 214.

［209］ Yan F, Xuehui H, Ling L, et al. Does Shanghai – Hongkong Stock Connect Program Really Realize the Original Intention of Chinese Capital Market internationalization? Based on Multi-structure Breaksandt – CopulaaDCC – GARCH Model ［J］. Studies of International Finance, 2016 (11): 8.

［210］ Yip R W Y, Young D. Does mandatory IFRS adoption improve information comparability? ［J］. The Accounting Review, 2012, 87 (5): 1767 – 1789.

［211］ Yu F F. Analyst coverage and earnings management ［J］. Journal of Financial Economics, 2008, 88 (2): 245 – 271.

［212］ Yu S, Neter J. A stochastic model of the internal control system ［J］. Journal of Accounting Research, 1973: 273 – 295.

［213］ Zhang R, Zhang T. Understanding AH Premium in China Stock Market ［J］. 2017.

致　谢

　　论文终于付梓，毕业答辩临近，我回想在中南财经政法大学求学的时光，感慨良多，感激不已。四年前，我有幸踏入著名财会学府中南财经政法大学会计学院，在美丽的南湖之畔攻读博士学位；四年间，我完成了论文和学业，增长了专业知识，提升了研究能力，结识了众多同学、朋友，遇见了许多恩师，从而收获了宝贵的精神财富，这是我弥足珍贵的人生经历。这四年里，我时常挑灯夜战、冥思苦想，既经历过迷茫困惑、夜不能寐的煎熬；也感受过茅塞顿开、华山论剑的兴奋；而今，我内心充满了对学校、学院、恩师和同窗的由衷感激和不舍。

　　感谢中南财经政法大学对我的培养，感谢中南财经政法大学会计学院给我提供了科研与学习的平台，使我有幸能受到以会计泰斗郭道扬教授为代表的会计、财务与审计专家学者的指点与熏陶；感谢拥有国家重点学科的中南财经政法大学会计学院，赋予我一笔不菲的"无形资产"。感谢导师焦跃华教授对我学业、专业和个人发展上的尽心指导，提携之情永生不忘！恩师学识渊博、为学细心严谨、思维开阔敏捷，视野宏大、世事洞明、社会阅历丰富，时常提点我人文社科研究要注重与社会现实需求相结合，要善于捕捉有意义和有意思的话题，这激励我放弃懈怠懒散，不懈探索学术真谛；焦老师虽身居要职，但生活中温和亲切、平易近人，这些温暖的鼓励让我有力量前行，谨此致以衷心感谢！感谢师母袁天荣教授在学业、科研方面给予的建议和生活上的悉心关怀，袁老师非常注重对学生品德素质、为人处世等方面的培养，时常教导我们做好学问、做好事情的同时，一定要先做好人，她强调没有高尚的品德，学问再高的人生也是毫无价值的，她用身体力行地实践，润物无声地教育我们成长。

感谢开题和预答辩指导老师提出的宝贵意见和建议，这在博士论文写作过程中给予我诸多启发和帮助，使论文更为严谨深入。其次要感谢所有授课和对我论文提出修改意见的老师。老师们渊博的知识、儒雅的风范、精辟的分析和对前沿领域的追踪，带领我们进入了专业知识的殿堂，正是你们深入浅出的讲解，使我对学术研究认识更为全面和深刻。感谢何威风教授对我的论文写作从行文逻辑及研究方法层面给予的精辟指导，数次交流中何教授严谨而豁达的学者风范让我受益良多。感谢沈烈教授给予我参与内部控制相关课题调查研究的机会，使我在该领域能学有所获，沈老师一丝不苟、严谨务实的为学精神和生活上对学生悉心关怀使我深受鼓舞。

感谢我的博士同窗对我实证研究方法上的帮助，他们的有问必答，让我深深感激；我们在学习中共同成长，生活中互相关照的点点滴滴至今历历在目；同窗情谊一生温馨，同窗之谊值得怀念！

感谢湖南第一师范学院领导和同事在我攻读博士期间对我的诸多关心、支持和帮助。感谢我的父母多年来为我默默所做的一切，使我有信心与毅力完成学业；感谢家人的无私付出，使我有勇气与力量在彻夜难眠的写作过程中笃定前行。

感谢求学期间所有帮助过我的每一位！需要感谢的人太多，在此不能一一提及。但我会将诸多感激之情铭记在心，并激励自己在未来的学习和工作中取得更大的成绩，做一个对社会有用的人。

郭枚香

武昌南湖